努力自爱，勿贻我忧。

艺海风华

丰子恺小传

梁晴 著

中国青年出版社

图书在版编目（CIP）数据

艺海风华：丰子恺小传 / 梁晴著. -- 北京：中国
青年出版社，2025.6. -- ISBN 978-7-5153-7654-7

Ⅰ．K825.72

中国国家版本馆 CIP 数据核字第 2025WY6533 号

责任编辑：杜海燕
出版发行：中国青年出版社
社　　址：北京市东城区东四十二条 21 号
网　　址：www.cyp.com.cn
编辑中心：010-57350503
营销中心：010-57350370
经　　销：新华书店
印　　刷：三河市君旺印务有限公司
规　　格：650 mm×910 mm　1/16
印　　张：13.25
字　　数：101 千字
版　　次：2025 年 6 月北京第 1 版
印　　次：2025 年 6 月河北第 1 次印刷
定　　价：66.00 元

如有印装质量问题，请凭购书发票与质检部联系调换
联系电话：010-57350337

目
录

CONTENTS

001 / 石门湾

011 / 杭州城里的师范生

019 / 恩师

030 / "游学"东京

041 / 山水间

052 / 子恺漫画

066 / 孩子们

084 / 人生三层楼

101 / 缘缘堂

120 / 离乱

145 / 重返江南

166 / 日月楼

188 / 归去

203 / 参考书目

石门湾

　　著名的京杭大运河抵达浙江北部大平原的时候，很优美地画了一个弧。在这个弧上，泊了很多朱漆栏杆、玻璃格窗的客船。这个充满诗情画意的码头，就叫石门湾。

　　石门湾位于杭州和嘉兴之间，虽然它离沪杭铁路只有三十里路，石门湾的人出门，还是只愿意乘船——乘船比乘火车要有趣味得多！

　　出生于石门湾的丰子恺最喜欢乘船去作短途旅行。因为开船的时间完全可以由自己定，行李也不用捆扎，船舱里有桌有榻，布置好就是一个属于自己的房间。最称心的是可以随意停靠沿途的任何一个码头，上岸去买些鲜菱熟藕、冬笋茭白，还可以烫两碗花雕，在凉棚下浅斟低酌。

石门湾的人出门皆乘船，肩不用挑手不用提，连脚也很少受劳顿之累，所以这里成了著名的安乐之乡。这里水网密布，风调雨顺，气候似乎也比别的地方宜人，自然之美，俯拾皆是。因为蚕桑业发达，石门湾的人家，一般都盖得起丝绵被，丝绵袄每人都有一两件，丝绸也成了非常普通的衣料。

丰子恺父祖三代都生聚在这得天独厚的石门湾。祖上留下来一座名叫"丰同裕"的染坊，世代经营，维持小康。丰子恺的祖父去世很早，祖母性格旷达，喜欢读旧体小说，还喜欢看戏，但是她为人也十分好强，一心一意要让丰子恺的父亲中举。中了举人，祖坟上可以立旗杆，不但满门体面，连祖宗也荣光。

祖母对人说："坟上不立旗杆，我是不去的。"

丰子恺父亲内心里的压力是可想而知的。他从二十多岁起开始考举人，三年一次，连续三次，直到三十六岁那年，才算考中了。

那一年丰子恺四岁，由奶妈抱着，挤在人丛里看戴了红缨帽的父亲三跪九叩接诰封。祖母已经年老卧床，扶病起来主持开贺，家里拆了灶头搭喜棚，接连三天大宴宾客。祖母经过这番兴奋，病势日渐沉重，父亲抢在祖母弥留之际立好了祖坟上的旗杆。

祖母于是含笑而逝。

不巧的是，丰子恺父亲中的正好是清朝光绪年间最后一科的举人，中举以后科举即废，丰子恺的父亲便永远地失去了赴京会试的机会，也再无可能中进士做官。失意的他只好留在家乡，设塾授徒，平凡地度过余生。教私塾所得的束脩是很微薄的，而染坊的收入也有限，生活十分清贫而寂寥，心情自然也就很抑郁。

丰子恺出生于一八九八年十一月九日。六岁那年，他到父亲的私塾去读书。九岁的时候，父亲患肺病去世，他只好转入于云芝的私塾继续求学，后来这间私塾改名为"溪西两等小学堂"，复又更名为"崇德县立第三高等小学校"。一九一四年，丰子恺以第一名的成绩从该校毕业。

丰子恺父亲去世的时候，只给妻子和六个孩子留下数亩薄田和一间染坊。丰子恺的母亲肩负家庭内外的一切责任，有时候要同时应对工人、店伙、亲戚、邻人四拨人的纠缠，她仍然不放松对丰子恺的严教，督促他认真读书，正直做人。对于丰子恺而言，她不但是他的慈母，也是他的严父。

即使是在这样的家庭环境里，丰子恺活泼顽皮的天性也没有受到任何压抑。

每年的暮春，是幼年丰子恺最快乐的时候。那时候，家里三开间的厅堂全部腾空，铺了席子养蚕，家人出入和饲蚕桑叶，都要从悬空搭架的跳板上走。丰子恺每每从桑田里吃饱了桑葚，就以在跳板上嬉戏为乐，那些跳板搭得低低的，纵横交错宛如棋盘，走起来非常有趣。有时候失足翻落在地铺上，压死许多蚕宝宝，大人们又笑又骂，也使他感到有趣。

家里采茧做丝的时候，每天都可以吃到大量的枇杷和软糕，这也使丰子恺满心欢喜。

在丰子恺的童年小伙伴中，对他影响最大的，要数隔壁豆腐店家的王囡囡。

王囡囡比丰子恺年纪稍大，比他有力气，也比他生活知识丰富，两个人整日在一块儿玩耍。王囡囡待他犹似兄长般照顾。他曾从米桶里捉了很多米虫，带上钓竿，到桥头去教丰子恺钓鱼，丰子恺钓到了十几条白条鱼，每一条都是王囡囡帮他拉钓竿。

丰子恺后来很喜欢钓鱼，成年后虽然不钓鱼了，但读到"独钓寒江雪""渔樵寄此身"的诗句，都会从中品出比别人更多的韵味。何况，他听说王囡囡所以对他百般照顾，是因为他家患难时，曾得过丰子恺父亲的帮助，王囡囡全家因此感恩。这种世俗民间的知情重义，也使丰子恺成年后一旦忆起，就感慨很深。

丰子恺父亲在世的时候，每逢春秋佳日，必邀亲友相聚，饮酒取乐，以忘记失去仕途的苦闷。他们饮酒的时候，常常玩一种掷骰子的游戏。三颗骰子，每颗都用白纸糊住六面，上面写字。第一颗上写人物，如公子、老僧、少妇、屠沽、妓女、乞儿等；第二颗上写地方，如章台、方丈、闺阁、市井、花街、古墓等；第三颗写动作，如走马、参禅、刺绣、挥拳、卖俏、酣眠等。然后将骰子放在一只碗里大家掷，根据掷出来的文句行酒令。

如果手运奇好，掷出来的是原句，如"公子章台走马""老僧方丈参禅""少妇闺阁刺绣"等等，大家会一致喝彩，为他满饮一杯。如果掷出来的虽非原句，情理上尚可说得过去，比如"老僧古墓挥拳""公子闺阁酣眠"，前者可理解为老僧喜欢武功，后者可以假设公子是在他妻子的房间睡觉，那么免饮也就罢了。如果骰子掷出胡言乱语，比如"老僧闺阁酣眠""乞儿方丈走马""屠沽花街卖俏"之类，则满座大笑，抨击讥议，大罚掷者其酒。这样的游戏，便成为佐酒的最好佳肴。

丰子恺和家里的小孩子们也仿照大人做了三颗骰子掷了取乐。一颗上写：爸爸、妈妈、哥哥、姐姐、弟弟、妹妹。一颗上写：在床上、在厕所、在街上、在船里、在学校、在火车里。一颗上写：吃饭、睡觉、唱歌、跳绳、大便、踢球。有时候，骰子掷出了"爸爸在床上大便""妈妈在火车里跳绳""姐姐在厕所踢球"，大家便笑得前仰后合。这种游戏比打扑克有趣味得多，对丰子恺等孩子掌握中国语言文字的积极性也产生了极好的推动力。

丰子恺十三四岁的时候，他就读的溪西小学堂办在西竺庵的祖师殿里，每天上学放学都要出入山门，经过大殿，所以与和尚们天天见面。这个庙有个规矩，老和尚收徒弟，先进山门为大。有个叫菊林的小和尚只有六岁，因他先进山门，后来收的十三四岁的本诚就要称他"师父"。这些小和尚都是贫苦人家卖到庙里来的，三块钱一岁，所以菊林只能卖十八元。菊林年幼，全靠徒弟照管他的生活，经常听到本诚喊："阿拉师父跌了一跤！"他就把菊林抱起来。又听到本诚喊："阿拉师父撒尿出了！"他便拿来裤子替他换。菊林有时候像只小猫一样伏在蒲团上，本诚便说："阿拉师父困着了。"他便抱他到楼上去睡。

庙里常常有各种名目的拜忏活动，当地信佛的阔太太们很高兴来参加，借佛游乐。她们在庙里吃完素斋，往往在碗底放几个铜钱，算是给小和尚们的小费。菊林逢到这一天总是最出风头，他面孔团团的，向太太们合掌拜揖时，声音喃喃呐呐，非常惹太太们怜爱，她们便竞相给他糖果和铜板角子。菊林心地很好，每次拜忏的收入都交给老和尚，糖果他和徒弟分着吃。

丰子恺通过他童真的眼睛观察到的生活画面，就是这样地别具风味而又饶有情趣，这种能把瞬间感受一下子抓住，在脑海里提炼为永久画面的能力，几乎是非凡的。这种感受生活的能力，无疑为他日后成为开中国漫画之先河的大师，奠定了雄厚的基础。

丰子恺对作画的爱好，似乎也是与生俱来的。还在读私塾的时候，他就对《千家诗》上印制的那些木版画爱不释手。有一幅题为《云淡风轻近午天》的画，画着一头大象和一个人在耕田，是二十四孝中的大舜耕田图。丰子恺觉得画比文字更有趣，只是单色不够好看，他便从家里的染坊讨了颜料来，为画着色。涂了一只红象、一个蓝人、一片紫地，自己非常得意。不料书的纸太薄，颜料渗透下去，下面七八页上，都有一只红象、一个蓝人、一片紫地。闯了这样的祸，丰子恺差点被父亲痛打一顿。

然而丰子恺画画的兴趣一发而不可收了。他把颜料藏起来，每天趁父亲不在的时候，躲在扶梯底下凑着一盏油灯作画。这次他用不易渗透的煤头纸，而且不是替别人的画着色，是自己创作。他画一个红人、一只蓝狗、一间紫房子，偷偷拿给母亲和姐姐们看，她们都夸好。

后来丰子恺发明了撕习字簿上的纸下来，蒙在人物谱上描印人物像。他的描人物像的技术越来越高明，着色也不再是单调的红、蓝、紫，他已经会用这三种染料色配出许多的间色来。他的父亲去世的时候，并不知道丰子恺已经把一本人物谱统统印全。同学们看到这些画不但逼真，而且有许多复杂华丽的色彩，都向他讨画，拿去贴在灶间，当作灶君菩萨，或者贴在床头当年画欣赏。

当时的私塾教育是不允许小孩玩画画的，认为那是不务正业。所以作画的和讨画的，都只能暗中进行。有时候先生被人拖出去吃茶，丰子恺就搬出画具，先一幅一幅地印，再一幅一幅地涂颜料，同学们便依次认定自己想要的画。作为报酬，同学们会赠送些石门湾孩子喜欢的玩意儿给他，比如一对金铃子、一只用老菱壳做成的陀螺、一枚铜钱等等。

有一次两个同学为交换一幅画意见冲突，打起架来，先生审问原因，知道罪魁为丰子恺，便搜查他的抽屉，结果一大堆"罪证"被搜查出来。丰子恺以为手心一定要挨戒尺了，不料先生拿了画谱坐到自己座位上，一张一张地欣赏起来。

丰子恺竟然没有挨打。

第二天一到私塾，先生就翻出画谱中的孔子像，问丰子恺："你能照这个样子画一个大的吗？"丰子恺其实只能印而不会画，但被先生的威严一吓，支支吾吾地答了一声"能"。先生便买了一张大大的纸，交给丰子恺，交代他："也要着色彩的。"

同学们不但惊奇，而且羡慕先生对丰子恺的另眼相看。丰子恺却一肚子心事，不知道如何完成这个任务。

还是大姐教了丰子恺一个好办法。她先让丰子恺画一张方格子纸，衬在孔子画谱底下，让孔子像套在朦胧的经纬中。然后她又用缝纫用的粉线袋在大纸上弹下相同的格子，让丰子恺用她画眉毛的焦柳枝依格子放大，居然就把放大的孔子像底稿画成了。

丰子恺一鼓作气用毛笔勾出线条，又用大盆子调了大量的颜料，终于画出了一幅鲜明华丽的孔子像。这幅画交给先生以后，第二天就贴在了私塾堂名匾下的板壁上，学生每天早上到塾，要两手捧着书包向它拜一下；晚上放学，再向它拜一下，丰子恺也不例外，心情却是不一样的。

自从丰子恺的"大作"在塾中的堂前"发表"，他便成了石门湾赫赫有名的"画家"。他后来也为乡亲们放大相片肖像。有一个老妈子没有照片，丰子恺只好把样本中的一幅老妈子照片改一改，又为她涂上漂亮的淡妆，"穿"上镶花边的美丽衣服，还给她"戴"上一副珠耳环。老妈子看见那副金黄色的珠耳环，心花怒放，即使画像不完全像，她也直说"像"了！

杭州城里的师范生

一九一四年的夏天，十七岁的丰子恺从崇德县立第三高等小学毕业了。即将走出石门湾的丰子恺其实还是个孩子，虽然在全校毕业生中考了第一名，对自己的前途却十分地懵懂无知。

当时正值清末民初，新旧思潮冲突激烈，时局的变化常常使石门湾的百姓莫衷一是。许多人家是希望皇帝再坐龙庭的，那样才能科举再兴，他们的孩子也才能再有参加乡试会考、进京城做大官的机会。

丰子恺的母亲不识字，她也一直郑重保存着丰子恺父亲的书籍、考篮、知卷、衣冠等物，准备科举再兴时好给丰子恺用。

那么，小学毕业的丰子恺是等待科举还是继续求学呢？幸亏母亲请教了丰子恺那所小学的校长，校长给了她种种忠告，母亲便下了决心，送丰子恺到杭州去投考中等学校。母亲替丰子恺选择的是浙江省立第一师范学校，因为师范收费低廉，家庭尚可负担；而且学成回乡教书，不须远行。丰子恺没有父兄，他是不可以离家外出谋生的。

搭快班船赴杭州考试的那天，母亲做了糕和粽子给丰子恺吃。以前父亲去考乡试的时候，祖母也总是给他吃这两种点心，因为它们暗示着"高中"的意思。

丰子恺到了杭州，看见各种学校林立，图书馆里图书堆积如山，他求知欲空前爆发，为了防止考不上师范，他同时又报考了中学和商业学校。

其实母亲早已嘱咐过他不可报考中学，因为读完中学必须升大学深造，家里无力供养；母亲也不允许他报考商业学校，因为商校毕业要留在城市供职，而家里是需要他支撑门户的。丰子恺到了杭州，只恐投考落第，母亲的话他已全部丢在脑后了。

结果三个学校全都录取了他。中学他的成绩名列第八，师范名列第三，商校名列第一。在决定取舍的时候，他因为师范的规模最大，不但有七进崭新的教学大楼，而且有健身房、音乐室、手工教室、附属小学和宿舍食堂，是一座仿西式的新型学校，他便毫不犹豫地选择了它。

他的选择虽然并非出于体谅母亲的苦心，但毕竟与母亲的心愿相合，使母亲感到了很大的安慰。

新学期开始时，丰子恺成了浙江省立第一师范学校的一名新生。

师范学校有一个很奇怪的规定，除了上课以外，自修室和寝室的分配都不分年级和班级，而是按舍监的意思全校学生混合编排。这样一来，丰子恺在自修室和寝室里，面对的都是完全不相同的陌生面孔。

初来乍到的丰子恺很长时间不能适应这样的环境。尤其在自修室里，他的领域只限定于一个指定的座位。老生们视新生为异己，他们故意旁若无人地纵声谈笑和吃零食，使他颇有人地生疏、举目无亲之感。

有一次，他发现斜对面也有一个人枯坐着，看模样也是新生。经谈话才发现，他是丰子恺的同班同学，叫杨家俊，是余姚人，他成了丰子恺在新环境认识的第一个同窗和朋友。

杨家俊虽然和丰子恺在同一间自修室自修，寝室却不在一间。他们俩的床铺之间，正好隔了一堵厚墙。在他们成为知己以后，他们常常为不能连榻说话感到遗憾。学校的规矩很严，每晚九点半才打开宿舍的总门放学生回寝室，而十点钟就必须熄灯就寝。一张床铺属于他们的时间只有八九个小时，更显得这个"归宿"的可恋。而杨家俊和丰子恺并不急于钻进被窝，熄灯前虽然只有几分钟的光明，他们也一定要到寝室外面的长廊中，倚着窗沿谈一会儿话。不知不觉灯熄了，同学们很快进入了梦乡，杨家俊口中低低地唱着"众人皆睡，而我们独醒"，摸着黑与丰子恺分手，各自暗中就寝。

　　杨家俊比丰子恺稍大，是个有独立思想、个性鲜明的少年。他深刻冷静的头脑、卓绝不凡的志向常常对年少的丰子恺产生强烈的冲击力，使他感到自己只不过是因袭传统的一个忠仆，且胸中了无一点志向。

　　最令丰子恺感到羞愧的是，有一次谈到各自来杭州投考的经过，丰子恺禁不住内心的得意，告诉杨家俊他报考了三所学校，每一所都名列前茅，后来因师范气派，又因为母亲听人说上师范好，他便选择了师范。

　　杨家俊脸上浮现出了轻蔑的神气，说道："这何必呢？你自己应该抱定宗旨！那么你的来此不是诚意的，不是自己有志于师范而来的。"

他的话深深震撼了丰子恺，突然悟到了自己的卑怯，因为在他的心中，从来只有母命、师训、校规，而没有自己的宗旨、诚意和志向。想到几分钟前他还在向杨家俊夸耀自己的应试佳绩，内心里感到了何等可耻！

这番谈话促成了丰子恺的自悟，使他从此努力地去做一个自觉的少年。而杨家俊在他的心目中，也成了一个令人敬畏的楷模。

杨家俊对学校的宿舍规则一直都深有看法。因为早晨天一亮，舍监就吹警笛把大家从床上叫醒，然后一个也不许留在宿舍，总宿舍门立刻上锁，到晚上九点半才打开让人睡觉。杨家俊经常不平地说："我们不是人，我们是一群鸡或鸭。早晨放出场，夜里关进笼。"大家挤在宿舍总门口等候开锁的时候，杨家俊讥讽地说："放犯人了！"

然而除了杨家俊，谁都不敢对校规心存不平或口出怨言，丰子恺更是一个绝对服从的好学生。有一天下午丰子恺忽然感到身上发冷，那是发疟疾的征兆。他连回宿舍取衣服的念头都不敢有，只是蜷伏在座位上强忍着。杨家俊不解道："为什么不去取衣服？"丰子恺说："宿舍门锁着。"杨家俊气愤道："哪有这种道理！难道这里果真是牢狱吗？"

他便找到寝室总长要求开门，为丰子恺取了衣服和棉被，送他到调养室去睡觉。路上又对他说："你不要过于胆怯而只知道服从，凡事只要有道理，就没有什么好惧怕的。"

有一天上课时，先生点名点到杨家俊，杨家俊又没有到——对于上课这样的事，他也是我行我素的。先生怒气冲冲地命令级长去把杨家俊叫来，级长只好奉命去缉拿"罪犯"了。全班四十多人一声不敢吭，满堂肃静地等候着"要犯"押到。不料级长空手而归，说："他不肯来。"先生恨恨地在点名册上画了一个圈，同学们不知这圈意味着什么，总之杨家俊厄运难逃了。

下了课，大家都跑去向杨家俊递消息，杨家俊听了一笑，依然平静地读他的《昭明文选》。好心的同学责怪他："你怎么不称说生病呢？"杨家俊答道："我并未生病，哪里可以说假话？"

同学中传言很多，都说点名册上的那个圈是指杨家俊将要被留级或开除了。丰子恺十分替好朋友担忧，临睡前在长廊上，他就劝杨家俊不要太固执己见了。杨家俊凛然道："那先生的课，我实在不要上了。其实大家也都是因为怕点名册上的圈和怕学业分数、操行分数受影响而勉强去听他的课的。我不会干这种违心的事，随便他怎么处置我都无所谓。"丰子恺叹道："你真是个怪人，全校找不出第二个！"杨家俊笑道："这正是我之所以为我！"

杨家俊继续无故缺课，继续在点名册上被画圈。每次被学监、舍监训斥，他都怡然自若；每次被校方传唤，他都决然前往，微笑而归。缺课的时候，他总是独自前往藏书楼去借《史记》《汉书》等书，凝神诵读，心无二用。

不久，年假到了，学校并没有给杨家俊任何处罚。第二学期，杨家俊也照常来校报到，而且开春以后，他常常约丰子恺于星期日去游览西湖的山水。他的玩法也很特别：一是漫无目的、随心所欲；二是认为最值得游的地方是众人不去的地方。

他们曾经在雷峰塔后面的荒野上一面看云一面嚼面包，还把两枚铜板放在一块大岩石上，过了两三个星期再来，铜板原封不动地还在石头上，两个人心中充满了惊喜。杨家俊宣告道："这里是我们的钱库，我们以天地为室庐。"

相比较杨家俊的卓尔不群，丰子恺自感是一个庸愚无知、毫无创见的小学生。正因此，杨家俊的一举一动、一言一行都对丰子恺具有无比的吸引力，使他不知不觉地倾向他、追随他，甚至丰子恺一生的人品、修养和见识，都从这里奠定了基础。

　　杨家俊渐渐地拒绝上一切不喜欢的课。暑假到来的时候，他约丰子恺去游了最后一次山，告诉他，他已决心脱离这所学校。秋季开学的时候，杨家俊果真没有再到校上课。

　　丰子恺虽然依旧战战兢兢地做着一个服从的学生，他心里对庸常和专制的不满却已经滋生成长。这种人生的转折，最终导致丰子恺成为了一位非凡的艺术大师。

　　而杨家俊辍学以后在余姚的小学校里教书。因为结婚生子，家庭负担渐重，他不得不辗转求职于余姚的各所小学，越来越被尘劳所累。一九二九年的暮春，他雇一佣妇照料夫人的分娩，不料佣妇患有喉痧，传染了他的子女，致使年幼的一双儿女相继死亡。杨家俊忧伤过度，也传染上了此病，最终不治而亡。

恩师

丰子恺进入浙江省立第一师范以后，遇到了对他的一生都产生重大影响的李叔同先生。

李叔同当时是一位"二十文章惊海内"的著名才子，而且他最早出洋研习并实践话剧，同时在音乐、美术等领域也有非凡的造诣，是一位开中国近代艺术风气之先的前卫人物。

当时的浙江省立第一师范改革教育，开始注重"人格教育"，以"勤、慎、诚、恕"为校训。提倡"德、智、体、美、群"五育并重的新校长，便把赫赫有名的李叔同从上海请到学校里执教，向学生传授图画、音乐两课的知识。

彼时李叔同从日本留学归国没多久，同时受聘于南京高等师范和浙江第一师范，每月半个月住南京，半个月住杭州，往返在铁路线上。李叔同出身豪门，曾是上海一流的翩翩公子，到日本留学后，接触到明治维新的文化，转而渴慕西洋文明。他的英文本来就很好，于是开始对西洋艺术进行全面的研究，绘画、音乐、文学、戏剧，无一遗漏。他还在日本创办了春柳剧社，组织留学生们排演小仲马的著名悲剧《茶花女》等。他束小腰身，粉墨登场，亲自扮演茶花女。那时候，李叔同穿燕尾服，持手杖，戴夹鼻眼镜，是一个完全欧化的留学生。然而回国执教后，他把漂亮的西服换作了灰色的粗布袍子，配黑布马褂、布底鞋子，朴素而沉稳，已经全然是一位修养很深的学者兼严师。

丰子恺最初是上李叔同先生的音乐课，因为李先生要兼教宁、杭两地的师范，每学期丰子恺能见到李先生的机会并不多。逢到李先生来上课，大家的心情都很特别，每次李先生都是提前到达教室，教案、钢琴、谱表都已经打开，黑板上也已写满了授课的内容。李先生端坐在讲台上，一只时表在琴盖上嘀嗒走动，静候同学们入座。同学们到齐之后，也要等上课铃响，李先生才立起身来，深鞠一躬，然后才开始讲课。

李先生是个一丝不苟的、威严的老师。上他的课，同学们从头到尾不敢喧哗，气氛非常严肃。其实李先生从未训斥过学生，如果有同学上音乐课时偷看闲书，李先生并不立刻责备，而是等下课以后郑重地请这位同学暂且留步，在别的同学都出去以后，才轻声地对这位同学说："下次上课时不要看别的书。"说过之后还要鞠一个躬。

有一次下音乐课，最后出去的同学无意中关门重了一些，碰出很响的声音。他已经走出几十步了，李先生依然很和气地唤住他，请他回到教室去。进了教室，李先生也用很轻的声音告诫他："下次走出教室，轻轻地关门。"然后对他鞠一躬，送他出教室，自己轻轻地把门关上。

李先生的人格力量，使所有的同学都敬仰他。

李先生要给学生上弹琴课。上课方法是他先把新课弹奏一遍，然后稍微地指导一下弹法，就令学生们各自回去练习。到下一次上弹琴课的时候，学生们就必须把练得很娴熟的曲子弹来给他听，这叫作向先生"还琴"。

对于学生来说，"还琴"课比其他的一切正课都艰辛，因为李先生的要求是很高的，学生"还琴"的时候，李先生总是斜立在离钢琴数步远的地方注视学生的手指，哪怕按错一个键，他也会立刻知道，急速地转过头来表示通不过。而且弹出小错，他会要求从乐句开始处重弹；弹出大错，则须把整首乐曲重新弹。如果始终过不了关，李先生也并不责骂，只是用严肃而平和的语调低声说一句："下次再还。"学生起身离琴时心情反而更加沉重，以后只会更加刻苦地练琴。

丰子恺在这方面有着非常深切的体会，他在《甘美的回味》中回忆说："每逢轮到'还琴'的一天，饭总是吃不饱的。我在十分钟内了结吃饭与盥洗二事，立刻夹了弹琴讲义，先到练琴室内去，抱一下'佛脚'，然后心中带了一块沉重的大石头而走进'还琴'教室去。我们的先生——他似乎是不吃饭的——早已静悄悄地等候在那里。大风琴上的谱表与音栓都已安排妥帖，显出一排雪白的键板，犹似一件怪物张着阔大的口，露出一口雪白的牙齿而蹲踞着，在那里等候我们的到来。"

当时由于李叔同先生的提倡，学校对艺术科的教学非常之重视，除了那所四面临空，单独坐落在校园花丛中，拥有两架钢琴、五六十架风琴的音乐教室，学校还建了一座开有天窗的明亮的专用图画教室。

二年级的时候，李叔同先生开始教授丰子恺这个班的图画课。

一开始教授的是木炭石膏模型写生。这种西式的立体画法大家从未接触过，包括丰子恺在内，一向都习惯了平面的描摹临画，一时间都无从着手。李先生便范画给大家看，大家看了之后，也还是只会临摹黑板上的范画。而丰子恺等少数几位同学开始尝试用先生的方法直接以石膏模型写生，渐渐地不但对写生有了兴趣，而且进步非常快。

有一天，丰子恺为班级的事去向李先生作汇报，报告完毕退出房间时，李先生把他唤回来，用很轻、很和气又很严肃的口气对他说："你的图画进步很快。我在南京和杭州两处教课，没有见过像你这样进步快速的人。"他的这几句话，便确定了丰子恺的一生。从这一天开始，丰子恺便打定主意，要专门学画，把一生奉献给艺术。他果然一生都没有改变志向。

丰子恺越来越体味到了绘画艺术的博大精深，无形中他便懈怠了其他的几门功课。以前学期考试他总是名列第一，以后则一落千丈，甚至名列末名。尽管如此，因有前两年的好成绩做基础，毕业时他的平均成绩仍保持在了第二十名。

李叔同不但在绘画的技能训练上给予丰子恺悉心的指导，给予他更多的，是一颗艺术家的心灵。在他的案头上，总放有一册明代刘宗周所著的关于古来贤人嘉言懿行的《人谱》，他不但反复阅读，而且亲笔在封面上写下"身体力行"四个字，每个字旁边都加了红圈。李叔同经常把书中有关艺术和做人的准则说给丰子恺听，尤其是"先器识而后文艺"这句话，希望丰子恺读了以后能明白"首重人格修养，次重文艺学""要做好文艺家，必先做一个好人"的道理。他认为一个艺术家如果没有"器识"，无论技艺如何精通，都是不足为道的。他一再告诫丰子恺："应使文艺以人传，不可人以文艺传。"

李叔同的这一信条，不折不扣地传授给了丰子恺。在老师的启蒙下走上艺术之路的丰子恺，一生都在以他被老师熏陶过的艺术之心主导着自己的创作。他深为明白，有些人可能一辈子都没有吟过诗描过画，但他们拥有一颗艺术心，更具备了芬芳悱恻之怀和光明磊落之心，他们都会是非常可敬可爱的人。相反，那些只拥有技术而没有艺术之心的人，则不啻于一架无情的机器。丰子恺如他的老师一样，以博爱、深广的心灵去看天地间一切有情无情的物类，他相信以艺术之心所见到的世界，是一视同仁、平等的世界，艺术家的心，对于世间万物都应给予热诚的同情。

如果丰子恺没有抵达这样的心灵境界，也许他会成为一位画家，而不会成为一位艺术大师。

李叔同是一位实行人格感化的教育家，他因为有人格做背景，好比是菩萨有"后光"，所以他虽从不责罚学生，学生却对他自生敬畏，自觉奋发。

如果说李叔同先生的教育方式如同"严父"，那么，教国文的夏丏尊先生就是一位"慈母"了。

夏先生也是深受学生爱戴的一位贤师。他也博学多能，除了音乐之外，其他如诗文、绘画鉴赏、金石、书法、理学、佛典、外文、自然科学等等，也都颇为精通。因此在杭州浙江省立第一师范，能和李先生相交很深的也只有他。

最重要的是，夏先生也如李先生一样赤诚正直。他教国文的时候，正值"五四"将近。有一天他出作文题，忽然叫大家各写一篇《自述》，要求大家"不准讲空话，要老实写"。做惯了《太王留别父老书》《黄花主人致无肠公子书》之类八股文的同学们，一时摆脱不了做死文章、说虚假话的旧文风，写出来的《自述》令夏先生啼笑皆非。有一位同学写他父亲客死异乡，他"星夜匍匐奔丧"，夏先生当堂追问他："你那天晚上真是在地上爬着去的吗？"又一位同学发牢骚声称要隐遁，说将"乐琴书以消忧，抚孤松而盘桓"。夏先生很不客气地回敬他："那么你又为什么要来报考师范学校呢？"使那位同学无言以对。这样说真话力戒矫揉造作的教学方法当初很受顽固守旧派的反对，他们认为文章不用典故，不发牢骚，就不高雅。但多数同学对夏先生这种前所未有的、大胆革命的主张十分折服，"好似长梦猛醒，恍悟今是昨非"。可以说，浙江省立第一师范"五四"风气的开端，就是从此起步的。

很多年后，丰子恺不但成为大艺术家，同时也成为大散文家，与夏丏尊先生当时的引导也是分不开的。他在《旧话》一文中曾回忆说："我在校时不会作文。我的作文全是出校后从夏先生学习的。夏先生常常指示我读什么书，或拿含有好文章的书给我看，在我最感受用。他看了我的文章，有时皱着眉头叫道：'这文章有毛病呢！''这文章不是这样做的！'有时微笑点头而说道：'文章好呀……'我的文章完全是在他这种话下练习起来。"

成名以后，丰子恺每写完一篇文章，仍习惯地想一想："不知这篇东西夏先生看了怎么说。"如此可见，他把自己文学上的每一步发展都归功于夏丏尊先生了。

可以说，不遇见夏先生，丰子恺不致学文。

夏先生的特点是有话便说，率直开导，毫不矜持，犹如父母对待子女，学生们便很容易与他亲近。学生们有什么事要向校方请愿，找到夏先生便行，只要要求有理，他自会去找校方交涉。夏先生又事无巨细，样样都要操心，走过校园时看到小同学逗狗，他也要管："为啥同狗为难？"节假日学生出校门去玩，夏先生看见了便追着喊："早些回来，勿要吃酒啊！"学生笑答："不吃，不吃！"加快了脚步走路，夏先生却还要在后面大喊："铜钿少用些！"这使学生一方面笑他絮叨，一方面又不得不从心里感激他。

夏先生天性多愁善感，世间一切不快、不安、不真、不善、不美的事物，都会令他皱眉、叹气。有人生病了，有人失业了，有人吵架了，有人喝醉了，甚至有人太太要生孩子，有人小孩子跌了跤，他都要皱眉叹气，忧愁担心。学校的事、公家的事，都犹如他自家的事；而国家的事、世界的事，对于他也都是切身问题。他和李叔同先生一样痛感众生的疾苦和愚昧，他无以解忧，只能忧伤终老；而李叔同先生却截然相反，为彻底解决人生的根本问题，他作了一个惊世骇俗的选择。

就在丰子恺得了李叔同先生的启迪，对艺术充满了强烈追求的时候，李先生的个人生活却渐渐地沉敛起来，他以前常读理性的书，后来案头却常放些道教经书了，一些自己以前喜欢的东西，也常常一件一件地送给丰子恺。丰子恺的日文一向是由李先生指导的，他忽然又转而介绍夏丏尊先生指导他了。李先生有一些常来西湖写生的日本画家朋友，他找机会带丰子恺去与他们同吃了一次饭，以后就改由丰子恺陪同他们去写生了。

李叔同做着这一切的时候，仿佛他就要动身赴远方去旅行。有一天，他读到一篇日本人关于断食的文章，说断食是"更新"身心的修养方法，它能使人除旧换新，改去恶习，生出伟大的精神力量，他便由校工闻玉陪同，到大慈山去进行断食体验了。

他一共断食十七日，曾由人扶起来留影一张，制成明信片分赠友人，明信片上题写着："某年某月，入大慈山断食十七日，身心灵化，欢乐康强——欣欣道人记。"这时候，他已由"教师"转而变成了"道人"，而且他也如留学、执教时那样执着认真，既学道，便一丝不苟地断食。

但他学道时间很短，断食以后便开始学佛。他虽然依然任教，却已经茹素读经，并在宿舍里供起了佛像，经常到虎跑寺习静听法。一九一八年的正月十五，他在虎跑寺皈依佛教，取法名演音，号弘一。

一九一八年七月的一天，李叔同带着丰子恺到西湖玉泉去看望一位退伍军人程中和先生，程先生早有出家为僧之念，李叔同与他交谈十分投契。此后不久，丰子恺陪日本画家去玉泉写生，发现程先生已经剃度为僧，法名弘伞。丰子恺甚感震撼，回来告之李叔同先生，李先生很平静地告诉他，他自己不久也将正式出家。

一九一八年的八月十九日，李叔同果然辞职出家。出家前一天，他把丰子恺、叶天瑞、李增庸三位同学叫到自己宿舍，几乎把所有的东西都分赠了他们三人。

从此，一代杰出的艺术大师变成了佛门高僧——弘一法师。

"游学"东京

　　丰子恺放弃其他学科而埋头西洋画的时候，他的母亲是十分担忧的。尤其是丰子恺需要家里提供买油画用具的钱，颜料十多瓶要二十余元，画布五尺要十余元，画架画箱等又要十来元。母亲想不明白师范生为什么要学这种画，邻家的儿子也读师范，他为什么不学？颜料家里染坊就有，为何要另外买？画画的布怎么会比缎子还贵？

　　母亲表面上信任丰子恺，心中却为他的前途疑虑重重。

　　丰子恺从第一师范毕业之后，果然在现实问题面前遇到了麻烦。因为在就读的最后两个学年里他常常外出写生，有关教育的学科他几乎完全没有上；而应该在附属小学实习的体验，对于他也完全是一个空白。这样一来，他便不是一个合格的师范生，也不具备做小学教师的资格。另一方面，西洋画是专业性很强的艺术，不经深造，仅靠两年非正式的练习，要想在这个领域里求得发展，一时也非易事。

毕业之前，丰子恺已与同乡徐力民结婚，婚事是六年前就定下来的。这时候，丰子恺才看到了自己肩上的责任，看到了母亲增多的白发，感受到职业对自己的重要性。他对自己不顾义理、任情而动的行为感到了懊恨，因为这一切是以母亲的无数烦恼和忧愁作为代价的。为了丰子恺的求学，家里欠的债直到母亲去世前四五年才还清，母亲的一生，没有过上几年轻松的日子。

当时，有一位表兄介绍丰子恺在本县担任小学循环指导员，丰子恺因缺乏指导小学生的能力，未去就职。正好此时他的同学吴梦非、刘质平在上海筹办一所专门培养图画、音乐、手工教员的专科师范学校，力邀丰子恺同去进行这项事业，丰子恺便应邀前往，成了这所专科学校的创办人之一。

丰子恺把妻子安排在他兼课的城东女校读书，他便开始在专科师范教授西洋画课。丰子恺很多年后常感到惭愧，因为那时候他所有关于绘画的知识，不过是读初级师范时画了几幅木炭石膏模型写生；初通日文后，又曾在学校藏书楼中借得一部日本明治年间出版的《正则洋画讲义》，从中读到过一些陈旧的绘画知识。

那时候丰子恺年轻气盛，大胆教学，他把忠实摹写自然作为绘画的第一要义。他认为中国画不忠实于写实，为其最大的缺点；而自然中包有无穷的美，唯能忠实于自然摹写者，方能发现其美。故他竭力主张"忠实写生"的画法，甚至把自己在师范时占用自修时间花了十七个小时描成的维纳斯头像木炭画展示给学生看，鼓励他们步自己的后尘。

丰子恺自作主张厉行这样的画风，事后自己都觉得有闭门造车之憾，但当时的中国，就连社会的上层人士都大半不知道西洋画为何物，而世风却在新旧交替，人们都以多接触西洋事物为荣。丰子恺的教学方法在当时的上海不但被环境接纳，而且成为很时髦的一件新生事物。

然而不久，上海开始有了一些从东西洋留学归来的西洋画家，宣传西洋画的机构也多起来。丰子恺购到一些新的国外美术杂志，始觉得以往在《正则洋画讲义》上得到的西洋画知识实在太陈腐狭小，对自己的教学开始丧失信心，甚至很懊悔冒昧地充当了教师这件事。

他决意要到日本去留学，要窥见西洋画的全貌，做个真正的美术家再回国服务于同胞。然而因为经济上的困难，他努力了很久才得以成行。那是一九二一年的早春，他告别了一年半的专科师范教师生涯和年轻的妻子，背负了四百元的债务，独自冒险去了日本。

到达日本以后，他的岳父帮他筹措了一千元的资金，师范同人吴梦非、刘质平寄赠他一千元，使他有了可以在东京维持十个月的用度。这区区十个月的时间用于求学是远远不够的，丰子恺便决定在各个艺术门类里走马观花，尽可能地多呼吸一些东京艺术界的空气。

这十个月，称之为留学似乎太短；称之为旅游又偏长，丰子恺便将它戏称为"游学"。

在这十个月内，丰子恺前五个月是上午到洋画研究会去习画，下午读日文。后五个月停止学日文，改为每日下午到音乐研究会去学提琴，晚上又去学英文。同时各科都时有请假，用请假的时间来参观展览会、听音乐会、泡图书馆、看歌剧、钻旧书店、跑夜摊以及游览名胜古迹。这时候的丰子恺已经真切地觉悟到了各种学问的深广，他只能尽可能地在有限的时间内，对它们作一些涉足和了解。

　　丰子恺比一般的留学生多一个有利条件，即他的日文水平已足以应付日常的生活起居。所以他放弃一般留学生都要就读的初级语言学校，报名去上英语学校的初级班。这里所用的教材他已经学过，他的目的是听日本先生如何用日语讲解他已经懂得的英文，从中掌握日语的会话诀窍。

　　他的异想天开果然十分奏效。很快他就提高了日文会话能力，阅读水平也空前提高。以前他只能看懂《正则洋画讲义》之类刻板的叙述体文字，现在连《金色夜叉》《不如归》这样的日本著名小说也能读了。而且对于文学的爱好，也是从这个时候开始的。

　　而后为了学习英语，丰子恺报名到英语学校的最高一班学习。在学习中他发现了很多难记的生字，一遇挑战，他的兴味反而更加浓郁。他嫌先生教得太慢，便买了一册讲义，辍学在旅舍里自学。他把书中的所有生字抄在一张图画纸上，剪成纸牌放在匣子里，每晚摸牌强记，限自己几周内学完。他果然如期记熟了全部生字。于是，英文体的小说他也能阅读自如了。

　　丰子恺当时充满了求学的勇气，东西洋知名的几部文学名著，他几乎全部克日读完；而德、法文等陌生外文，他也都可以依赖自修书在最短时期内掌握阅读能力；而提琴教材《霍曼》五册，他认为完全能每日练习四小时而在一年内学完。在丰子恺看来，除了绘画艺术需要领悟之外，其余的一切学问，他都可以用机械的用功方法探求到其门径。

其实丰子恺在日本的十个月也并非只是"走马观花"，异域文化及其人文精神对他的冲击，也使他思考了许多的问题。

使他感受最深的是日本人的苦学精神。他在东京一家私人音乐研究会学习小提琴的时候，日本同学中有一位来自乡下的中年人。这人的职业是医生，学琴只是为了提高自己的音乐艺术修养。他几乎就是音盲，连音阶都摸不清，然而他不耻下问，无视各种嘲笑，顽强地学习，苦练不辍。那种视音乐为神圣事业的精神，令丰子恺感慨万千。当时距明治维新不过几十年，日本已迈入文明发达的国家之列，其进步之快，并非偶然。

丰子恺后来退出这家教学较为枯燥的音乐研究会，到另一家音乐研究会去学习。初去时，他见到的情景很令他吃惊，只见很多人围着一张长方形的矮桌，席地正襟危坐，桌上除了一只形似香炉的香烟缸，什么都没有，仿佛谁从庙里搬了许多罗汉来，用香炉供养在这里。后来才明白，原来这些人是等候到里屋去单独受教的。

丰子恺排在末座，便也成了一具"罗汉"。

虽然等候很枯燥，学习却是愉快的。授课的先生姓林，是一位性情中人，他头发蓬松、身穿和服，学生演奏得好时，他边伴奏边手舞足蹈，脸上根据乐曲的变化做出种种丰富的表情来。小小的乐室里，情调盎然。

对于丰子恺而言，在东京的最大乐事，就是练熟了曲子去请林先生伴奏。

丰子恺迷恋林先生的授课，常常上完了自己的课，仍然逗留在等候室，侧耳感受乐室里的气氛。林先生也常常在上完所有的课以后，留丰子恺小坐，倾心相谈。林先生自德国研究音乐回国后，一直在这里教授音乐，时间已长达十年，甚至放弃了组建家庭的机会。他说他是为音乐而活着的，无怨无悔。

丰子恺又一次感慨万千，他在《记音乐研究会中所见之二》一文里写道：

人间制作音乐艺术，原是为了心灵的陶冶，趣味的增加，生活的装饰。这位先生却摒除了一切世俗的荣乐，而把全生涯贡献于这种艺术。一年四季，一天到晚，伏在这条小弄里的小楼中为这种艺术做苦工，为别人的生活造幸福。若非有特殊的精神生活，安能乐此不倦？

　　丰子恺回国后翻译和编写了许多日本音乐理论书，为普及西洋音乐作出了很大的贡献。而他后来一生的作为，也都与他在日本的这段经历有着很大关系。

　　然而，丰子恺在日本的最大收获却是从一个旧书摊上得到的。

　　有一天，他偶然在东京的一个旧书摊上发现了一本题为《梦二画集·春之卷》的书，随手一翻，竟然从头到尾都是用毛笔寥寥数笔简笔勾勒的速写小画。这些画立刻吸引了丰子恺。其中的一幅题为《同班同学》，画上是一个盛装妇人拿着大堆包装精美的物品盒坐在人力车上，还打着一把遮阳伞，她正侧着脸向路边的另一位妇人点头打招呼；而路边的这一位妇人蓬头垢面，一件粗笨的斜襟衣服大领口上，露出一个背在背上的婴儿的光脑袋——显然前者为贵妇人，而后者便是贫贱之妻。昔日的同学，如今是两个阶级两等女人了。

这本画册，决定了丰子恺一生的艺术道路。他不但喜欢它的画风，而且决定去发扬光大它。

画册的作者叫竹久梦二，他的作品笔墨简约而意味深长，在明治末年的时候，他的作品曾走红过日本画坛，在丰子恺发现这本画册时，竹久梦二已经沉寂了，以致他的画册也沦落到旧书摊，只卖几角钱。

丰子恺对竹久梦二作了大量的研究之后，对他的钦佩之心有增无减。因为在他之前，日本画坛的漫画家们往往只选择诙谐、滑稽、讽刺、游戏的题材，而竹久梦二则非常注重寻求深沉而严肃的人生滋味。他的作品不但充溢着对人生的真挚感受，而且浸透着生命的汁液，叫人看了以后由衷地从心里生发出感慨。

在艺术风格上，丰子恺一见倾心的是竹久梦二"画的简洁表现法、坚劲流利的笔致、变化而又稳妥的构图，以及立意新奇、笔画雅秀的题字"。尤其是画题的巧妙，常能起到"画龙点睛"的作用，画题好，看了也胜读一篇小品文。而竹久梦二正是题画的圣手，丰子恺每每读画时一击三叹，欲罢则不能。

丰子恺以极大的兴趣模仿起了竹久梦二的画风。最初他的题材多有与竹久梦二相似之处,渐渐地,他便有了自己的思路。比如竹久梦二有幅画,画题为《战争与花》,画一名士兵死在一丛野花旁;而丰子恺同类题材的画题名为《燕归人未归》,画面上只有一顶军帽在铁蒺藜旁,这样的表现更含蓄、更见思想。

丰子恺向竹久梦二借鉴的最明显之处是笔下的人物多不画眼睛,丰子恺称其为"意到笔不到",符合中国传统的美学原则。有的时候,他甚至连五官也都不画,他认为只要意到,笔不妨不到,有时笔到反而累赘。

日本是漫画艺术十分发达的国家,每一个时代的大画家几乎都是漫画家,他们的作品定义不一、自成风格,而丰子恺独独只喜欢竹久梦二的笔简意赅,那种诗意般的漫画,与他心里的追求可谓一拍即合。

丰子恺无意中获得了他的"宝贝":他艺术发展的方向,心中的兴奋不言而喻。他开始四处寻觅竹久梦二的作品,除了《春之卷》,必然还会有《夏之卷》《秋之卷》和《冬之卷》,然而跑遍了东京的大小旧书摊,他再没有得到任何竹久梦二的画册。

这时候,求学东京十个月的期限已经到了,丰子恺所带的钱也已全部花尽。为了他的这次"游学"，母亲忍痛卖掉了家里的一宅租屋，三姐还变卖了首饰。所以，丰子恺纵然再想多逗留几日，也是于心不忍了。

他于一九二一年冬离开日本回国，带回了大量的文艺书籍，也带回了内心的无限欣喜。

更让他开心的是，此后不久，仍然留在日本学画的朋友黄涵秋不但替他在旧书摊上觅到了竹久梦二的《夏之卷》《秋之卷》和《冬之卷》，而且还添加了《京人形》《梦二画手本》各一册，遥遥地从东京寄到了上海，寄到了丰子恺的手中。

山水间

一九一九年中国爆发了五四运动。这时候，浙江省立第一师范便成了该省新文化运动的中心。校长经亨颐、教师夏丏尊积极支持学生的改革主张，遭到当局的责难和排挤。两个人为了表示抗议，双双辞职离校，回到他们共同的家乡浙江上虞，决心创办一所全国一流的、以传播新文化为宗旨的私立中学。

这个设想得到了乡贤陈春澜先生的大力支持，他慷慨捐助二十万元资金，十万建校舍，十万购买上海闸北水电公司的股票，作为学校的固定基金。

一九一九年十二月二日，校董事会成立；一九二〇年一月，经亨颐就任校长职务，筹建学校的工作正式开始。

这所新建立的学校就是后来赫赫有名的春晖中学。

春晖中学所以有名，就是因为它在五四新文化运动时期，聚集了一大批文化界的著名人士。这要归功于主持春晖中学日常教育教学工作的夏丏尊，他以他的德高望重，很快便把匡互生、刘薰宇、朱自清、朱光潜、刘延陵等一批文化界一流人物召集到了春晖中学。

春晖中学位于上虞白马湖畔，这里碧水潋滟、景随时迁，美似不加粉饰的桃花源。在这些名流才子的眼里，它无疑是万丈红尘中的一方清凉世界。

一个在中国现代文学史上具有深远影响的"白马湖作家群"，也随着春晖中学的诞生而形成了。

一九二二年的春末，丰子恺应夏丏尊之邀，也来到了风光无限的白马湖。

那时候，丰子恺从日本归国不久。他一度在上海专科师范学校复任教职，同时在吴淞中国公学中学部兼课。在这两个学校，他认识了朱光潜、匡互生等同道，与同事陈望道先生也成了莫逆之交。他在这两个学校任职的时间前后不到半年，紧接着，便来到了春晖中学。

同道、挚友们济济一堂，同时又回到了恩师夏丏尊的麾下，对于丰子恺来说，何等快哉！

丰子恺先来上虞，次年春，他把全家都从上海接来了。可见他是多么喜欢这片清静的山水。当时，十里洋场的都市生涯是人人都羡慕的，丰子恺反其道而行之，自然引起很多人的不解。丰子恺对此在《山水间的生活》一文中写道：

　　　　我曾经住过上海，觉得上海住家，邻人都是不相往来，而且敌视的。我也曾做过上海的学校教师，觉得上海的繁华和文明，能使聪明的明白人得到暗示和觉悟，而使悟力薄弱的人收到很恶的影响。我觉得上海虽热闹，实在寂寞，山中虽冷静，实在热闹，不觉得寂寞……山中是清静的热闹。

　　对于家居的物质不便和闭塞，丰子恺认为："山水间的生活，因为需要不便而菜根更香，豆腐更肥。因为寂寥而邻人更亲。"他进一步的见解是："且勿论都会的生活与山水间的生活孰优孰劣，孰利孰弊。人生随处皆不满，欲图解脱，唯于艺术中求之。"

　　这已经是一颗艺术至上者的心灵了。

　　丰子恺为了安置自己的家，在白马湖畔盖了一座简单的小平房。房子盖好时，他看见人们在湖边种柳树，便向他们讨了一株，种在寓所的墙角处。此后，他把自己的寓所叫作了"小杨柳屋"。房屋以柳命名其实完全是一种偶然，丰子恺笑着向人解释说："假如当时人们在湖边种荆棘，也许我会给屋取名为'小荆棘屋'……亦未可知。"

小杨柳屋的紧邻是刘叔琴的寓所；而遥遥相对的是夏丏尊的"平屋"及其紧邻刘薰宇的舍居。这两对房子，当时被同道们戏称为"夏刘""丰刘"，而四家人不分彼此、互通有无，宛似一个其乐融融的大家庭。

这里的气氛好，朱光潜、朱自清等人也就经常过来串门。文人聚会不可无酒，"夏刘""丰刘"四家都养成了整坛地买绍兴黄酒的习惯。谁家新酒开坛，大家就前往谁家聚会。

黄酒醇而不烈，是酒中君子。而白马湖的文人们亦风雅多于狂放，视饮酒为一种艺术，大家慢斟细酌，不慌不闹，边饮边谈。各人量尽为欢，绝不强饮失态。那时候，众人皆见性情，也就是谈者谈，笑者笑，静者陶然端坐、怡然自得。座中的丰子恺风度最好，面红耳热、雍容恬静。

他们喝的酒也就是上虞本地产的黄酒，离真正的绍

兴黄酒还差一些等级。所以有一次夏丏尊、丰子恺、朱
光潜三人在杭州游西湖，喝了碧梧轩著名的陈年黄酒，
朱光潜竟得以大醉。其实那醉也不过是一夜辗转，梦境
颠倒无序。事后回味，觉得那也是一种"江南味"！

　　所谓的"真名士自风流"，用来形容白马湖畔的这
一批文化人，应该是非常恰如其分吧。

　　这样的一群文化人办学校，自然也会办得与众不
同，甚至可以说，他们是在这里进行他们种种的"理想
实验"。

　　为首的夏丏尊先生，就是一位最典型的理想主义
者，他曾经一度想和几个朋友组织"新村"（也就是小
型的公社），大家自耕自食，这样的理想当然不太可能
实现。结果在创办春晖中学的时候，这种"新村理想"
不可避免地体现在了办学主张里。夏丏尊先生在《春晖
的使命》一文里号召开展"乡村运动"，其内容除了没
提自耕自食，其他都在"新村理想"的范畴，比如帮助
文盲乡民识字，实行真正的纯正教育，文理农、师范并
重，男女同校，以精神力量战胜物质困顿等等。他的这
种办学理念，代表了白马湖同人的共同追求。

　　于是，美育的强调，成为春晖中学的主要特色，而

承担这项事业的，便是后来成为美学大师和艺术大师的朱光潜及丰子恺。

丰子恺作为学校的美术、音乐教师，在教学中，他施行美育实践的机会最多。在上好春晖中学美术、音乐课的同时，他和朱光潜还向学生灌输了一系列的美学理论。

丰子恺的美学理论重点在如何从大自然获得美的意识，为此，他专门在《春晖》校刊上发表了《青年与自然》的文章。开宗明义，他引用了英国诗人华兹华斯的诗句："嫩草萌动的春天的田野所告我们的教训，比古今圣贤所说的法语指示我们更多的道理。"同时他认为："青年是人生最中坚的、最精彩的、最有变化的一部分……唯有极盛的青年期受自然的感化最多。"

他从自己的感受谈起。"吾人所常接近的自然，如日月星辰，山川花木等，其中花和月最与人亲。在自然中，月仿佛是慈爱的圣母 Maria（玛利亚），花仿佛是绰约的女神 Aphrodite（阿佛洛狄忒），常常对人作温和的微笑。"

他认为月亮是天体中最大最切实最有兴味的东西，它给青年带来的美感是最多的。对月的崇拜，会更给人以真善美的感受，月又能使人产生爱心，它所唤起的感情足以维持人的纯洁的精神。"试看瑞烟笼罩的大地上，万人均得浴月的柔光。这正是表示月的泛爱，且助人与人的爱。"

丰子恺认为花除了美的姿态、颜色以及怡人的芳香，它还能使人产生同情心，"因为花与青年——特别是女子——在各点上是相类似的：生命的丰富、色彩的繁荣、元气的旺盛等，都相类似"。所以，青年人爱花，则如同爱自己；惜花，则如同惜青春。此外，花还给人以道德上的感化，比如，白色的花使人向往纯洁，红色的花令人想到爱情和繁荣，紫色的花有王者之尊，玫瑰、牡丹象征结构上的完美调和，等等，这一切都在不知不觉中对青年的道德潜移默化，催人联想，激励人向上。

丰子恺在文章的结尾满怀激情地呼吁道：

优美的青年们！近日秋月将圆，黄花盛开。当月色横空、花荫满庭之夜，你们正可以亲近这月魄花灵，永结神圣之爱！

丰子恺还在英语教学中提出重视音乐的要素，他认为"大凡富于音乐要素的诗歌文章，必容易动人的感情而使读者易于上口，而发生兴味"。他建议选取英美的著名诗句，配上英美的著名乐曲，合成音乐，使学生不但学得轻松，而且能更切实地体验到英美人的思想和精神。

为了体现春晖中学所奉行的挚诚、挚爱与人格感化的教育特色，他们选用了唐代诗人孟郊的《游子吟》为校歌的歌词：

慈母手中线，游子身上衣。

临行密密缝，意恐迟迟归。

谁言寸草心，报得三春晖。

诗的原意是歌颂母爱的伟大，在这里体现的则是一种"爱的教育"。歌词的最后两个字又正好与校名相同，由丰子恺谱曲以后，成为一首非常理想的校歌。

爱的教育如何体现，夏丏尊先生曾有过很好的诠释，他在《〈爱的教育〉译者序言》中说：

好像掘池，有的人说四方形好，有的人说圆形好，朝三暮四地改个不休，而于池的所以为池的要素的水，反无人注意。教育上的水是什么？就是情，就是爱。教育没有了情爱，就成了无水的池，任你四方形也罢，圆形也罢，总逃不了一个空虚。

夏丏尊先生翻译了《爱的教育》一书，丰子恺为此书画了十幅插图，精心绘制了封面，使此书风靡一时，反响强烈。

爱的教育体现在教学手段上，便是灵活开放，不拘一格。在这方面，丰子恺可谓身体力行。他的美术课上得生动活泼，非常受同学们的欢迎。丰子恺甚至乐意自己充当同学们形象写生的模特儿。他对学生说："不论画什么都要抓住其特点，比如：你们想画一张我的头像，就抓住我的前额宽，下颚尖这个特点，像个狗头似的。"说着便在黑板上画了一个倒置的三角形，添上几笔，就画成了一个自己的肖像。随后在眼角嘴边修改几笔，说："你们看这是因为你们画得好，丰子恺笑了。"说完重新修改几笔，说："这是因为你们画得不好，丰子恺哭了！"

同学们边笑边画，一节课上得饶有兴致，而如何捕捉人物的形象特征，不用多说，同学们均已深得要领。

丰子恺上音乐课的方法也是别具一格。他先把新歌教会学生，然后盖上钢琴盖，跑到教学楼外去听学生们在教室内的合唱，发现什么地方唱得不对，就跑回教室来纠正。一节课只见他跑来跑去，乐此不疲，而学生们也唱得特别起劲。

春晖中学的学生应该是幸福的，在学校里，他们的个性得到自由的发展。而且在这样一批气味相投的文化人的熏陶和引导下，他们在文学及艺术方面的欣赏力、表现力远远地高出了一般学校的学生。

然而，主张并实施教育改革的白马湖同人虽不少，但他们都不掌握行政大权，所以在办学思想上，他们与校领导的分歧越来越大，矛盾也日趋尖锐。

这时候，学校发生了一起"毡帽事件"，使双方的矛盾终于激化。

起因是一天上早操的时候，一名叫黄源的学生戴了一顶当地乡民喜欢戴的毡帽。体育老师认为他着装不规范，勒令他摘去。黄源表示不从，因为校章上没有规定早操不准戴毡帽，而且戴着毡帽也并不妨碍上早操。

体育老师的尊严受到了挑战，他自然不肯罢休。双方争执到校领导处，校方武断地要给予黄源记过或开除的处分，引起全校哗然。

当时，以训育主任匡互生为首的一帮改革派教师站出来为黄源说话，他们认为学生行为上的不慎应以教育为主，不宜采用记过、开除等行政上的压制手段。不料，校方不予理会，执意要处分黄源，这几位教师便愤然辞职。

丰子恺正在此列。

那是一个晓风残月的早晨，匡、丰等几位突然辞职的教师带着随身行李来到了驿亭车站。前来送行的同学依依不舍乃至呜咽出声，火车载着先生们离去以后，他们还在车站黯然站立。

春晖中学从此便不再是昔日的"春晖"了。

丰子恺从一九二二年春来到白马湖，至一九二四年冬离去，前后时间不到三年。

子恺漫画

在日本"游学"期间，丰子恺对无意中发现的竹久梦二的漫画可谓一见钟情。此后他一直希望着，有一天能把这种笔简意赅的画风与中国的文化传统结合起来，创造一种具有自己风格的漫画。在白马湖畔任教期间，他开始了这方面的努力。

第一幅漫画的诞生，始于一次校务会议。那次会议一定是非常枯燥和冗长，以至同事们垂头拱手倦伏在议席上的形象给了丰子恺异常深刻的印象。回到家里，他用毛笔把这个印象画了出来，贴在门后独自欣赏。

从此以后，他对漫画的兴味一发而不可收。于是，平时信口低吟的古诗词佳句、日常生活中使他有感的事物，他都会禁不住随手勾勒下来，配上意味隽永的题名，成为漫画。

他完全沉浸在创作的喜悦之中，"于是包皮纸、旧讲义纸、香烟簏的反面，都成了我的 canvas（画布），有毛笔的地方，就都是我的 studio（画室）了"。

每画完一幅画，他都会"得到和产母产子后所感到的同样的欢喜"。

那时候，他的发表园地主要是《春晖》校刊，这些画立刻便引起了夏丏尊、朱自清、朱光潜等人的兴趣。于是丰家的小客厅，便成了他们经常去欣赏丰子恺漫画作品的地方。朱自清后来曾在为《子恺漫画》所作的序里形容当时的情形："小客厅里，互相垂直的两壁上，早已排满了那小眼睛似的漫画的稿，微风穿过它们间时，几乎可以听出飒飒的声音。"

夏丏尊也为丰子恺的第一部漫画集《子恺漫画》写了序，他这样写道：

记得子恺的画这类画，实由于我的怂恿。在这三年中，子恺着实画了不少，集中所收的不过数十分之一。其中含有两种性质，一是写古诗词名句的，一是写日常生活的断片的。古诗词名句原是古人观照的结果，子恺不过再来用画表出一次，至于写日常生活断片的部分，全是子恺自己观照的表现。前者是翻译，后者是创作了。画的好歹且不谈，子恺年少于我，对于生活有这样咀嚼玩味的能力，和我相较，不能不羡子恺是幸福者！

而朱光潜对丰子恺由画品至人品，都表示了极高的赞赏。他在《丰子恺先生的人品与画品》中写道：

> 一个人须先是一个艺术家，才能创造出真正的艺术。子恺从顶至踵是一个艺术家。他的胸襟，他的言动笑貌，全都是艺术的。他的作品有一点是与时下一般画家不同的，就在它有至性深情的流露……他的画里有诗意，有谐趣，有悲天悯人的意味；它有时使你悠然物外，有时使你置身市尘，也有时使你啼笑皆非，肃然起敬……他的画极家常，造境着笔都不求奇特古怪，却于平实中寓深永之致。他的画就像他的为人。

在感情上，可能朱自清与丰子恺更相知一些，所以他对丰子恺漫画的评语更带有感性色彩：

我们都爱你的漫画有诗意；一幅幅的漫画，就如一首首的小诗——带核儿的小诗。你将诗的世界东一鳞西一爪地揭露出来，我们这就像吃橄榄似的，老觉着那味儿。（朱自清《〈子恺漫画〉代序》）

其实丰子恺开始漫画创作的时候，朱自清已经以诗和散文蜚声文坛，而他与丰子恺相处，依然是一颗赤子之心。一九二四年十二月，他的诗与散文合集《踪迹》在上海由亚东图书馆出版，这本书的封面就是由当时尚不是知名画家的丰子恺设计并绘作的。

而更早一年，夏丏尊根据日译本，把意大利亚米契斯所著的《爱的教育》一书译成中文，并在上海《东方杂志》上连载时，文中的十幅插图及成书后的封面，就早已是请丰子恺执笔了。后来这本译著由开明书店出版单行本，风行中国二十余年，再版三十多次，足以证明他们之间的合作是何等出色。

可以想见，丰子恺漫画艺术的萌发，曾经给白马湖文人们的生活注入了多么新鲜的活力。

离开白马湖以后的"春晖"同人，以匡互生、丰子恺为主，于一九二五年春着手在上海创办一所能够实现他们理想的自己的学校。当时的经费只有七百余元，是丰子恺卖掉白马湖畔小杨柳屋的所得，以后大家又凑了一些，共计一千余元，在虹口老靶子路的租屋上挂起了校牌。学校起名"立达中学"，后更名为"立达学园"，其意取自《论语》中"己欲立而立人，己欲达而达人"之句。

最初的立达学园只有两三张板桌和几张长凳，为了省钱，点的还是火油灯。然而还是因为房租太贵，迁到了小西门的黄家阙路。那里房租固然更便宜，但房子也更加破旧，大家在楼下吃饭的时候，常有灰尘或脏水从楼板缝落到饭碗里。亭子间下面的厨房用来充当匡互生的办公室兼卧室，教室和走道之间没有间隔，只好去买几块廉价白布，挂起来代替板壁。

直到这一年的夏天，他们在江湾觅到了一块荒地，学校才开始建校舍，并正式挂牌叫"立达学园"。在匡互生的授意下，朱光潜还执笔撰写了一份"立达宣言"，公开提出教育独立的主张，声称学校称作"学园"是为了有别于一般的学校，它将沿袭古希腊"柏拉图学园"的自由讨论风气，使青年真正能够像幼苗一样，按照自己的个性健康发展。

立达学园不但吸引了很多白马湖的同人，而且许多学生也从"春晖"转入"立达"，从此，上海的文化教育界就出现了这样一批开明的"立达派"。

也就是从这个时候开始，丰子恺迎来了他艺术生涯中的辉煌时代。

一九二四年，《我们的七月》杂志上发表了丰子恺的漫画《人散后，一钩新月天如水》。这样一幅令人耳目一新的画，立刻引起了各界的广泛注意。当时新文坛上著名的文艺理论家郑振铎一向很少关注中国的现代画家，却对这幅画产生了非同一般的兴趣，他在为《子恺漫画》所作的序里发表见解道：

虽然是疏朗的几笔墨痕，画着一道卷上的芦帘，一个放在廊边的小桌，桌上是一把壶，几个杯，天上是一钩新月，我的情思却被他带到一个诗的仙境，我的心上感到一种说不出的美感，这时所得的印象，较之我读那首《千秋岁》（谢无逸作，咏夏景）为尤深。实在的，子恺不唯复写那首古词的情调而已，直已把它化成一幅更足迷人的仙境图了。

郑振铎从此便对丰子恺及他的画念念不忘。后来，丰子恺到上海来创办立达学园，郑振铎正好在沪上主编《文学周报》，便请丰子恺为《文学周报》画插图。托人要来几幅以后，深感欲罢不能，他把这些画放在一起展示，几乎忘却了现实中的苦闷。为了能不断地刊登丰子恺的画，他干脆聘丰子恺为《文学周报》上海特约执笔者，并为他开了专栏，由他亲自冠以《子恺漫画》的题头。从此，中国才开始有了"漫画"一词及其专门的表现形式。

有一次，郑振铎在信中对丰子恺建议："你的漫画，我们都极欢喜，可以出一个集子吗？"丰子恺自然是欣然同意，出于尊敬之心，他请郑振铎得便时亲自来他家里选画。

于是一个星期日，郑振铎约请了叶圣陶、胡愈之等一块儿来到了江湾立达学园丰子恺的住处看画。那一次看画的情形，叶圣陶后来在《子恺的画》一文里详细地进行了描述：

推算起来大概是一九二五年的秋天，那时子恺在立达学园教西洋绘画，住在江湾。那一天振铎和愈之拉我到他家里去看他新画的画。

画都没有装裱，用图钉别在墙壁上，一幅挨一幅的，布满了客堂的三面墙壁。这是个相当简陋而又非常丰富的个人画展。

有许多幅，画题是一句诗或者一句词，像《卧看牵牛织女星》《翠拂行人首》《无言独上西楼》等等。有两幅，我至今还如在眼前。一幅是《今夜故人来不来，教人立尽梧桐影》。画面上有梧桐，有站在树下的人，耐人寻味的是斜拖在地上的长长的影子。另一幅是《人散后，一钩新月天如水》。画的是廊下栏杆旁的一张桌子，桌子上凌乱地放着茶壶茶杯。帘子卷着，天上只有一弯残月。夜深了，夜气凉了，乘凉聊天的人散了——画面表现的正是这些画不出来的情景。

此外的许多幅都是从现实生活中取材的，画孩子的特别多。记得有一幅《阿宝赤膊》，两条胳膊交叉护在胸前，只这么几笔，就把小女孩的不必要的娇羞表现出来了。还有一幅《花生米不满足》，后来佩弦（朱自清）谈起过，说看了那孩子争多嫌少的神气，使他想起了"憨赖的儿时"。其实描写出内心的"不满足"的，也只是眼睛眉毛寥寥的几笔。

此外还有些什么，我记不清了；当时看画的还有谁，也记不清了。大家看着墙壁上的画说各自的看法，有时也发生一些争辩。子恺谢世后我写过一首怀念他的诗，有一句"漫画初探招共酌"，记的就是那一天的事。"共酌"是共同斟酌研讨，并不是说在子恺家里喝了酒。总之，大家都赞赏子恺的画，并且怂恿他选出一部分来印一册画集，那就是一九二五年底出版的《子恺漫画》。

那一天的欢愉是永远值得怀念的。子恺的画开辟了一个新的境界，给了我一种不曾有过的乐趣。这种乐趣超越了形似和神似的鉴赏，而达到了相与会心的感受。

那一天丰子恺家的画岂止是钉满了墙壁，连玻璃窗格也被一幅一幅的画放满了。郑振铎等人看了一遍又一遍，仿佛小孩子进入了无所不有的乐园，流连忘返，什么都是好的。郑振铎曾在《〈子恺漫画〉序》中描述那天携着丰子恺画稿回家时的心情："当我坐火车回家时，手里夹着一大捆的子恺的漫画，心里感着一种新鲜的如占领了一块新地般的愉悦。"

郑振铎回家后，将这些画稿又细细地欣赏了几遍，方与叶圣陶、茅盾一同选定了画稿。除了三幅以外，其他均没有可弃的东西，于是，在一九二六年的一月，这本由文学周报社出版的《子恺漫画》就正式问世了。

这本画集内收画作六十幅，是丰子恺的第一本画集，也是中国的第一本漫画集。

隔了一年多，丰子恺的第二本画集也出版了，书名直截了当，就叫《子恺画集》。这本画集中的作品与第一本略有不同。它全部是从现实生活中取材，不再有用古诗词的"旧瓶"装"新酒"的内容。而事实证明，从现实生活中抓瞬间感受，正是丰子恺之所长，甚至可以说他在这方面的能力几乎是非凡的。

朱自清在《子恺画集》的跋文中写道："本集索性专载生活的速写，却觉精彩更多。"画集中最饶有生活情趣的是《瞻瞻的车》，它画丰子恺年幼的爱子华瞻跨在手中把持的两把芭蕉扇上——那就是孩子模拟的自行车；还有一幅《阿宝两只脚，凳子四只脚》，画的是丰子恺的女儿正忙着给一张方凳穿上自己的两双小鞋……还有一类，便是非常有思想内涵的，比如《东洋和西洋》，它画一个大出丧的队伍，开路的扛着"肃静""回避"的行牌，来到十字路口，被指挥交通的印度巡捕拦在路边，横路上正有汽车开过——东方的和西方的遭遇在十字路口，成为耐人深思的一景！另有一幅题为《教育》，画的是一个工匠在做泥人，他板着脸使劲地往模子里按泥，把一团一团的泥按成了一个一个千篇一律的泥人。还有《去年的先生》，画两个儿童遥指在路亭里摆果摊的人；《音乐课》，画一位穿长衫的先生坐在讲台上拉二胡，一教室的孩子张嘴唱着；《两家的父亲》，画两个孩子放学归来，见路上过来一辆黄包车，那拉车的和坐车的便是他们各自的父亲。这些画，无不用最点睛的笔墨反映出当时的社会现实。

丰子恺的漫画别具一格、独树一帜。他的成功来自多方面的包容兼蓄，并非仅仅只是竹久梦二画风的简单延续。

首先是他从李叔同先生那里获得了一个最重要的东西：艺术家的品质。其次，他刻苦地研习西洋画，苦心研读美术理论，并在学习西洋画的技巧的同时，努力探索富有民族特色的绘画风格。同时，近代画家陈师曾的画风也给了他很大的启示。

陈师曾家学渊源，曾留学日本，工于诗、文、书法和篆刻，更擅长绘画。他的画既博且深，又极具创造性，他能把金石文字和图形的趣味，吸收融会到绘画中去，使作品清奇浑厚，自成一格。当时他发表在《太平洋报》上的画作曾给丰子恺留下极深的印象，他认为这些画是绝佳的作品，并认为是陈师曾开了中国漫画之先河。

丰子恺坚持认为他的漫画风格源于陈师曾。除了绘画技巧上的一脉相承，在题材的选择上，他也受到陈师曾的影响。陈师曾所绘的一幅《北京风俗图》用极其现实主义的手法表现下层劳动者的生活，寥寥几笔，极为传神，丰子恺的漫画亦深得其精髓。

此外，丰子恺自幼熟读诗词，他的画很注意诗词的意境美。陈师曾曾经提出过作画要"含有文人之趣味，不在画中考究艺术上之功夫。必须于画外看出许多文人之感想"的观点（陈师曾《中国文人画之研究》），丰子恺在他的理论文章《音乐与文学的握手》里也表达过同样的看法："所作的画，不专重画面的形式美，而宁求题材的情趣。"

陈师曾把他的追求归纳为两句话："在意不在像，在韵不在巧。"从这点看，丰子恺与陈师曾之间最相通的便是艺术情趣上的一致性。

在画风上，除了竹久梦二给了丰子恺最直接的影响，蕗谷虹儿的画给他的启示也是相当明显的。蕗谷虹儿被称作工笔漫画家，他的画技法极其细腻。丰子恺的第二本漫画集《子恺画集》里收有好些幅工整的钢笔画，比如《挑荠菜》《断线鹞》《卖花女》等，他自称就是"摹虹儿"的。

当然丰子恺所摹的只是蕗谷虹儿"以纤细为生命，同时以解剖刀一般的锐利锋芒为力量"的笔法，画的题材仍是他自己的。这类画与他那些风格简约的毛笔画形成了某种反差。朱自清在《子恺画集》的跋中写到这种反差时说："这是一种新鲜的趣味！落落不羁的子恺，也会得如此细腻风流，想起来真怪有意思的！画集中几幅工笔画，我说没有一幅不妙。"

不过，这类的工笔画丰子恺多用于装帧插图，在漫画创作中并不常使用。

丰子恺的画如此有特色，文化界的同人们便都喜欢请他为自己的著作设计封面和画插图。一时间，丰子恺成了"五四"前后在书籍装帧艺术上颇有成就的专家。

在众多的插图和设计中，丰子恺为俞平伯的诗集《忆》所作的画，幅幅新鲜活泼，与俞平伯追念往昔童趣的文字交相辉映，浑然天成。《忆》在一九二五年十二月与《子恺漫画》几乎同时问世，两本书都引起了极大的反响，而《忆》更获得了"双美"之誉：即书的内容美及书的装帧美都是新文学史上罕见的。俞平伯在《子恺漫画》的跋文里写到过他对丰子恺的由衷赞誉：

> 您是学西洋画的，然而画格旁通于诗。所谓"漫画"，在中国实在是一创格，既有中国画风的萧疏淡远，又不失西洋画法的活泼酣恣。虽是一时兴到之笔，而其妙正在随意挥洒。譬如青天行白云，卷舒自如，不求工巧，而工巧殆无以过之。看它只是疏朗朗的几笔，似乎很粗率，然物类的神态悉落彀中。

丰子恺的画横空出世，像一颗耀眼的星，照亮了中国的文坛和画坛。

孩子们

　　丰子恺被人称作"儿童的崇拜者"，他的画以及他的很多散文随笔，都是以他的儿女们为题材。这一方面体现了他的慈爱之心，另一方面则是因为他明白自己向往的"天下如一家""共乐其生活"的理想并不可得，因而才一头扎进纯真得连他自己都觉得诧异的儿童世界里，以躲避不堪忍受的病态的世俗生活。

　　他曾经在一九二八年写的《儿女》一文中这样坦率地表达他的感慨："因为我那种生活，或枯坐、默想，或钻研、搜求，或敷衍、应酬，比较起他们的天真、健全、活跃的生活来，明明是变态的、病的、残废的。"在他看来，只有孩子的心灵才是最无瑕的，才是最得健全的天赋与天地间真朴活跃的元气的。他爱孩子们，因而他才不愿意孩子们长大——他们一旦长大成人，接触到污浊的社会，便无法再保留原有的天真了。

一九二七年，他的第二本画集《子恺画集》出版时，他以一篇《给我的孩子们》为代序，在文中充满情感地写道：

　　我的孩子们！我憧憬于你们的生活，每天不止一次！我想委曲地说出来，使你们自己晓得。可惜到你们懂得我的话的意思的时候，你们将不复是可以使我憧憬的人了。这是何等悲哀的事啊！

一九二八年，文坛出现过一件非常有趣的事，在该年十九卷第十号《小说月报》上，同期刊出了朱自清和丰子恺的同题散文《儿女》。

两个人写的都是在白马湖畔时的生活情景，文中的主人公都是各自的几个儿女，但两人却是各有一番心情和况味。

朱自清描写的骨肉之情也很感人，但客观上却流露出了五个孩子给他带来的烦扰和苦闷：

　　每天午饭和晚饭，就如两次潮水一般。先是孩子们你来他去地在厨房与饭间里查看，一面催促我或妻发"开饭"的命令。急促烦碎的脚步，夹着笑和嚷，一阵阵袭来，直到命令发出为止。他们一递一个地跑着喊着，将命令传给厨房里佣人，便立刻抢着回来搬凳子。于是这个说："我坐这儿!"那个说："大哥不让我!"大哥却说："小妹打我!"我给他们调解，说好话。但是他们有时候很固执，我有时也不耐烦，这便用着叱责了；叱责还不行，不由自主地，我的沉重的手掌便到他们身上了。于是哭的哭，坐的坐，局面才算定了。接着可又你要大碗，他要小碗，你说红筷子好，他说黑筷子好；这个要干饭，那个要稀饭，要茶要汤，要鱼要肉，要豆腐，要萝卜；你说他菜多，他说你菜好……吃饭而外，他们的大事便是游戏。游戏时，大的有大主意，小的有小主意，各自坚持不下，于是争执起来；或者大的欺负了小的，或者小的竟欺负了大的，被欺负的哭着嚷着……

朱自清这时候往往想起"蜗牛背了壳"的比喻，甚至抱怨："孩子们的磨折，实在无可奈何；有时竟觉得还是自杀的好。这虽是气愤的话，但这样的心情，确也有过的。"

而同样的"磨折"，在丰子恺家也是司空见惯的。他曾经作过一幅题为《星期日是母亲的烦恼日》的漫画，画面上，几个淘气的孩子正打得一团糟，电灯歪了，痰盂翻了，母亲气急败坏地斥责着，"战争"依然进行不误。然而，作为父亲，丰子恺的心情与朱自清却是截然不同的，读者不难感受到，面对如此糟糕的局面，丰子恺发出的是慈父的微笑。

所以同样是题为《儿女》的散文，丰子恺字里行间洋溢着的便是另一番情味。他怀着一颗赤子之心，在文中尽情地赞颂儿童："天地间最健全的心眼，只是孩子们的所有物，世间事物的真相，只有孩子们能最明确、最完全地见到。"

写这篇文章的时候，丰子恺正独自居住在上海的租寓，孩子们则像一群小燕子被送回了故乡的平屋。本以为这样有利于更好地完成人生和事业的某些计划，不料对孩子们的挂念和关爱之情始终挥之不去。在丰子恺的床下，有孩子们遗留下的四双旧鞋，他一直不肯清理掉，友人们看了，均以为是一种痴态。

每当思念孩子的心情像潮水一样涌上来的时候，他便会觉得牺牲天伦换来的不过是世故尘劳，心中格外怅惘不已。而一旦回到故乡的平屋，被围在儿女们的中间，他对人生的检讨便来得更加强烈。

　　那是一个炎夏的傍晚，他领了四个孩子——九岁的阿宝、七岁的软软、五岁的瞻瞻、三岁的阿韦——到小院中的槐荫下，席地而坐吃西瓜。夕暮的紫色中，凉夜的轻风渐起，孩子们汗气消散，百感畅快，全身心充溢着生的喜欢。三岁的阿韦最先满足地摇摆着身体，用含着西瓜的嘴发出了小猫偷食的声音。这音乐般的发泄唤起了五岁的瞻瞻的共鸣，他便开始发表他的诗："瞻瞻吃西瓜，宝姐姐吃西瓜，软软吃西瓜，阿韦吃西瓜。"两个大孩子的散文和数学的兴趣也被引发出来，她们归纳道："四个人吃四块西瓜。"

　　丰子恺心里评判着他们的作品，觉得三岁的阿韦的音乐表现最为深刻，完全地表达了一种欢喜之情。五岁的瞻瞻把这种欢喜之情翻译为诗，则打了折扣。不过在诗的节奏和旋律里，依然流露着活跃的生命。而软软和阿宝的散文的、数学的、概念的表现，比较起来更肤浅了一层。

如此想来，人越大，明慧的心眼越容易被世智所蒙蔽。作为父亲，他虽然受着尊崇，内心里却是不敢受这"父亲"的称呼的。

在《儿女》这篇散文里，他也历数了孩子们对秩序造成的破坏，尤其是他的写字桌，一向习惯于井井有条，而一旦看不住孩子，他们便抓住自来水笔挥了一桌子的墨水点。然后笔尖插在了糨糊瓶里，毛笔上的铜笔套不知去处，胳膊肘碰翻了茶壶，壶盖砸碎在地板上……丰子恺也如一般的父亲勃然发怒，拍案而起，但紧接着他便自悟其非：要求孩子的举止如同自己一样谨慎、穷屈、揖让、规行、矩步，是何其地乖谬！

成年人因为受了现实的压迫而扭曲身体手足，成了残废人；残废人要求健全者的举止同他一样，何其乖谬！

丰子恺怀着这样一颗心去看待他的儿女，便觉得他们皆是自己广义上的朋友，而且是令他感到景仰的朋友。

在《儿女》一文的结尾，丰子恺这样写道：

近来我的心为四事所占据了：天上的神明与星

辰，人间的艺术与儿童，这小燕子似的一群儿女，是在人世间与我因缘最深的儿童，他们在我心中占有与神明、星辰、艺术同等的地位。

丰子恺对儿女的这腔款款深情，在他的其他文章里也有过大量流露。一九二七年六月十日发表于《小说月报》第十八卷第六号的《华瞻的日记》，以幼子天真无邪的眼睛看他所不能理解的世界，被朱自清评介为满纸"蔼然仁者之言"。

丰子恺的儿女观最充分地表现在一九二六年十二月二十六日发表于《文学周报》第四卷第六期的《给我的孩子们》中。文中，他一一地赞美他们：

　　瞻瞻，你尤其可佩服。你是身心全部公开的真人。你什么事体都像拼命地用全副精力去对付。小小的失意，像花生米翻落地了，自己嚼了舌头了，小猫不肯吃糕了，你都要哭得嘴唇翻白，昏去一两分钟。外婆普陀去烧香买回来给你的泥人，你何等鞠躬尽瘁地抱他，喂他，有一天你自己失手把他打破了，你的号哭的悲哀，比大人们的破产、失恋、

broken heart（心碎）、丧考妣、全军覆没的悲哀都要真切。两把芭蕉扇做的脚踏车，麻雀骨牌堆成的火车、汽车，你何等认真地看待，挺直了嗓子叫"汪——""咕咕咕……"，来代替汽笛。宝姐姐讲故事给你听，说到"月亮姐姐挂下一只篮来，宝姐姐坐在篮里吊了上去，瞻瞻在下面看"的时候，你何等激昂地同她争，说"瞻瞻要上去，宝姐姐在下面看!"甚至哭到漫姑跟前去求审判。……你要我抱你到车站里去，多多益善地要买香蕉，满满地擒了两手回来，回到门口时你已经熟睡在我的肩上，手里的香蕉不知落在哪里去了。这是何等可佩服的真率、自然，与热情！大人间的所谓"沉默""含蓄""深刻"的美德，比起你来，全是不自然的、病的、伪的！

……阿宝，有一晚你拿软软的新鞋子，和自己脚上脱下来的鞋子，给凳子的脚穿了，划袜立在地上，得意地叫"阿宝两只脚，凳子四只脚"的时候，你母亲喊着"龌龊了袜子!"立刻擒你到藤榻上，动手毁坏你的创作。当你蹲在榻上注视你母亲动手毁坏的时候，你的小心里一定感到"母亲这种人，何等煞风景而野蛮"吧！

瞻瞻！有一天开明书店送了几册新出版的毛边的《音乐入门》来。我用小刀把书页一张一张地裁开来，你侧着头，站在桌边默默地看。后来我从学校回来，你已经在我的书架上拿了一本连史纸印的中国装的《楚辞》，把它裁破了十几页，得意地对我说："爸爸！瞻瞻也会裁了！"瞻瞻！这在你是何等成功的欢喜，何等得意的作品！却被我一个惊骇的"哼！"字喊得你哭了。那时候你也一定抱怨"爸爸何等不明"吧！

软软！你常常要弄我的长锋羊毫，我看见了总是无情地夺脱你。现在你一定轻视我，想道："你终于要我画你的画集的封面！"

丰子恺这样地感慨着孩子们对人对事的以"肺肝相示"，更惊叹于他们内心世界毫无瑕疵的一派纯真：

你们每天做火车，做汽车，办酒，请菩萨，堆六面画，唱歌，全是自动的、创造创作的生活。大人们呼号："归自然！""生活的艺术化！""劳动的艺术化!"在你们面前真是出丑得很了!依样画几笔画、写几篇文的人称为艺术家、创作家,对你们更要愧死!

你们的创作力,比大人真是强盛得多哩:瞻瞻!你身体不及椅子的一半,却常常要搬动它,与它一同翻倒在地上;你又要把一杯茶横转来藏在抽斗里,要皮球停在壁上,要拉住火车的尾巴,要月亮出来,要天停止下雨。在这等小小的事件中,明明表示着你们的小弱的体力与智力不足以应付强盛的创作欲、表现欲的驱使,因而遭逢失败。然而你们是不受大自然的支配、不受人类社会的束缚的创造者,所以你们遭逢失败,例如火车尾巴拉不住,月亮呼不出来的时候,你们决不承认是事实的不可能,总以为是爹爹、妈妈不肯帮你们办到,同不许你们弄自鸣钟同例,所以愤愤地哭了,你们的世界何等广大!

你们一定想:终天无聊地伏在案上弄笔的爸爸,终天闷闷地坐在窗下弄针引线的妈妈,是何等无气性的奇怪的动物!你们所视为奇怪动物的我与你们的母亲,有时确实难为了你们,摧残了你们,回想起来，真是不安心得很！

丰子恺以他一颗渴望做真人、真艺术家的赤诚之
心，不断地从孩子们的身上发现着启示，汲取着营养。

有一次他与四岁的华瞻谈天，问他最喜欢什么事。
华瞻仰头一想，率然地回答："逃难。"在他看来，大人
们饱经忧患的事，对于他们则是不论时，不论钱，浪漫
的、豪爽的、痛快的举家出游，"爸爸、妈妈、宝姐
姐、软软……娘姨，大家坐汽车，去看大轮船"。

逃难对于孩子是如此的人生快事，逃难回来的他们
久久不能忘怀那次游历，所以香烟纸的折叠工艺内容空
前丰富，有轮船、帆船、小桥、汽车；而家里的门上壁
上也画满了关于轮船和桥、亭的彩色粉笔画。

丰子恺从孩子的眼睛里看到了生命的本真，看到了
不为一切世间事物因果关系左右的大自然。

又有一次，八岁的阿宝和六岁的软软把圆凳子翻转
过来当花轿，抬三岁的阿韦。轿子失手翻了，阿韦摔得
大哭，乳母便质问两个"轿夫"谁犯了错误。

阿宝说："软软不好。"

软软说："阿宝不好。

阿宝又说:"软软不好,我好。"

软软也说:"阿宝不好,我好。"

阿宝哭了,说:"我好。"

软软也哭了,说:"我好。"

他们的话由"不好"到"好",丰子恺听了暗中好笑,觉得孩子真是愚蒙,直说"我好",不知谦让。然而细细一想,大人们何尝不以为"我好"呢?他们明知自己好而别人不好,却不敢直言,一味谦虚、谦让,这种矛盾的现象,在形式上看来是可笑的,在意义上想来是虚伪的、阴险的,比之孩子们的"蒙""愚",不知要丑劣多少!

由孩子们的"称心而言"联想到成人们的"言不由衷",他觉得后者真是一种恶德了。

最令丰子恺感到愧对童心的是一次买小鸡的往事。

那是一九三三年的时候,有一天楼窗下传来了一片细碎的小鸡叫唤的声音。

四个孩子正在做功课,侧耳一听,大叫着"小鸡!小鸡!",竞相奔跑下楼,滚落了铅笔,撞翻了板凳,跌痛了膝盖。

丰子恺一跨出大门就被孩子们包围了,一致发出请愿，要求给他们买小鸡。那些小鸡在担笼里蠕动着，好像许多活的雪球。孩子们情不自禁地叫着"好来""好来"！次子元草刚跌了一跤，泪珠还挂着，小手抓住担绳不放，对父亲喊："买小鸡！买小鸡！"

然而因为丰子恺和卖小鸡的还价，卖小鸡的丝毫不肯通融，他便盖上鸡笼盖，使可爱的小鸡与急切的孩子成了咫尺天涯。

又让了一次价，卖鸡的依然不肯，挑上担子就走，元草的喊声带了哭腔。最后，卖小鸡的昂然而去，丰子恺怀里留下一个号啕大哭的孩子。

这样一个美丽的春昼，庭前柳条摇曳，梁上新燕低回，而那个刁巧的卖鸡人和痛哭的孩子为这片和平的春景制造了不和谐。

关上大门，丰子恺边为元草揩眼泪，边对孩子们说："你们大家说'好来，好来'，'要买，要买'，那人就不肯让价了！"

小孩子不懂他的话，大孩子却在若有所思，丰子恺继续抚慰他们："我们等一会儿再买吧，隔壁大妈见到卖小鸡的会喊我们的。但你们下次……"

丰子恺忽然之间说不下去了。他下面想说的是"看见好的嘴上不可说好，想要的嘴上不可说要"。如果再进一步，便要教孩子，"看见好的嘴上应该说不好，想要的嘴上应该说不要"了。在这一片天真烂漫光明正大的春景中，丰子恺想，到哪里去容藏这样一个教导孩子的父亲呢？

丰子恺认为他一九二七年二月由开明书店出版的第二册漫画《子恺画集》，是一册描写儿女们的"黄金时代"的画集。那时候，他们一家住在上海一楼一底的"弄堂房子"里，关起门来可以只管说家乡石门湾的方言，吃石门湾式的饭菜，过石门湾式的生活，家庭的小天地与忙乱的都市环境判然地隔离，形成一种很奇妙的生活体验。

那时候孩子们与妻子大部分时间都是安居在家里，有时打开后门，用平时收集的一两团头发向小贩换些针线零食（丰子恺《子恺漫画》六十四页），有时从过街楼上挂下一只篮子去买两只粽子（丰子恺《子恺漫画》七十页），有时从阳台上眺望从屋瓦间浮出来的纸鸢（丰子恺《子恺漫画》六十三页）。每天的傍晚，妻子照例要抱了瞻瞻，牵了阿宝，到弄堂口去等候丰子恺回家（丰子恺《子恺漫画》六十九页）。两岁的瞻瞻坐在他母亲的臂弯里，口里唱着"爸爸还不来！爸爸还不来！"六岁的阿宝扯着她娘的衣裙在下面和他合唱。一旦在熙攘往来的人群中发现夹着一叠书和一包食物的丰子恺，瞻瞻便突然间欢呼舞蹈，妻子几乎抱不住他，而阿宝蹦跳得也几乎扯破妻子的裙子。妻子笑着呵骂着，作为父亲和丈夫的丰子恺，便全身心地陶然在小别重逢的家庭团圆之乐中。

当时主宰着丰子恺家一方天下的，是瞻瞻、阿宝和四岁的软软（丰子恺姐姐丰满离婚后生下的女儿，大名宁馨，由丰子恺夫妇作为三女抚养），他们仿佛罗马的三头政治，名义上是父亲的丰子恺，心甘情愿地做他们的臣仆。丧失了美丽的童年时代、送尽了蓬勃的青年时代、迈步进入黯淡的中年时代的丰子恺，在这群子女率真的儿童生活中体验了自己过去的幸福，觅得了自己失却的童心。

怀着这样的心情，他把孩子们的种种童趣一一地画进了他的画册。其中有一幅画着孩子们模仿故乡亲戚结婚的情景：两岁的瞻瞻扮新官人，戴着爸爸的铜盆帽，仿佛苍蝇戴着豆壳；四岁的软软蒙着妈妈的红包袱皮扮新娘子，好像猢狲扮把戏，但是两个人都十分认真，面孔板板的，脚步缓缓的，由自告奋勇做媒人的宝姐姐拉着他们拜天地，然后送到用凳子搭成的洞房里（丰子恺《子恺画集》三十七页）。

这册画集中的三位小主角一时成了尽人皆知的小明星，十多年后，有故人到了杭州丰子恺家，还一心想看看《瞻瞻新官人，软软新娘子，宝姐姐做媒人》这幅画里的主人公。可惜那时候，学名叫作丰华瞻的瞻瞻已经在北平的北大研究院了，而阿宝和软软分别叫丰陈宝和丰宁馨，都已经大学毕业在中学任教，儿时的天真无邪、稚气可爱已不复再现。

也许对于酷爱童真的丰子恺来说，最无奈的事就是看着孩子一天天地长大，一天天地被规章、被制度、被世智所拘束，永远地告别天真烂漫，走向所谓的成熟。

他最先告别的是昔日的阿宝。有一个春日，他牵了阿宝的手在路上走，柳絮拂面，丰子恺停住脚，用手绢拂拭阿宝唇上沾住的"胡须"，阿宝被他搂住肩，仰着脸直是笑。这原本是父女间常见的画面，却惹来了路人的注视。忽然间，丰子恺发现阿宝已告别了孩提时代，长成了大姑娘，他和阿宝之间似乎已筑起了一堵无形的墙，从此以后只能分居两个世界。丰子恺在一刹那间感到了深痛的悲哀，怪怨阿宝为何不永远做一个孩子而定要长大起来。

阿宝的长大又岂止是身体上的？以前丰子恺从上海回到孩子们身边，总要分给每个孩子一包巧克力，阿宝以往都和弟妹们一样欢欣，一样赌赛谁最后吃完。而不知从何时起，她会悄悄地藏起自己的一份巧克力，等弟妹们都吃完以后，再把自己的那份均分给弟妹，自己欢喜地看着他们吃完。

而逢到父亲远行，孩子们不肯放其离家，哭着闹着要父亲早归的时候，阿宝已经懂得哄骗住弟妹，放父亲早早动身，嘱父亲无妨迟归。阿宝能够分担父亲的辛苦了，丰子恺自然感到宽慰，但同时他何尝不感到悲哀，因为从此家中少却了一个"黄金时代"的幸福儿。

于是十来年前那个率真任性的捣蛋鬼阿宝，又在丰子恺记忆里浮现出来。那个时候的阿宝，挑剔到吃蛋只吃蛋黄，她母亲偶尔夹一筷蛋白在她饭碗里，她便把饭粒和蛋白拨得满桌都是，同时大喊"要黄！要黄！"她以为凡是她想要的好东西都叫作"黄"，所以当她要小椅子玩，而她母亲给她一只小凳子的时候，她也大喊"要黄！要黄！"阿宝还看不起只有一两岁的软软，不好吃的东西留给软软吃，扮演故事时，把不幸的角色派给软软做。

这个一味"要黄"而专门欺侮弱小的捣蛋分子，如今在牺牲自己的欢乐来增加弟妹们的欢乐，在遏制自己的要求、忍耐自己的欲望，而谋求他人的幸福了。

充满雄心和梦想的、唯我独尊的阿宝，已经一去再不复返。古人曾有诗送出嫁的女儿："幼为长所育，两别泣不休。对此结中肠，义往难复留。"丰子恺觉得，阿宝走出"黄金时代"的"义往"，比出嫁更"难复留"，从此她所要去的世间，是把无数儿时英雄屈服为绵羊的去处，他安能不"结中肠"呢？

丰子恺终于与童年的儿女们逐一惜别，送他们走上了成年的路。

从此以后，他只能希望他们"努力自爱，勿贻我忧"了。

人生三层楼

　　一九二六年的暮春，正在上海立达学园教授西洋画的丰子恺，忽然收到弘一大师邮来的一张明信片：

　　"近从温州来杭，承招贤老人殷勤相留，年内或不复他适。"

　　丰子恺五年前赴日留学，行前专程往杭州闸口凤生寺去向大师告别，此后一直未有机会再度相见。这时收到他的明信片，但见笔力坚秀，字迹布局妥帖，文句洗练简洁，大师风格一如往昔，丰子恺欣喜之余，更生人生恍若如梦之慨。

　　他立即决定再度去杭州拜见弘一大师。

　　几日后，他与夏丏尊同行，乘火车前往杭州。车行六小时，丰子恺脑海里一直是李叔同先生当年传授他音乐与绘画的往事。没有李叔同先生，就没有他今天的艺术之路。所以虽然这些年他发表了不少的音乐专著，一本《子恺漫画》也已经为举世所瞩目，与先生的博大精深与淡泊高远相比，这一切不过是俗世间的"仆仆奔走，沉酣于浮生之梦"。

车抵杭州时已是满城灯火。只见杭州城在夜色中依然呈现着青天似的粉墙，带棱角的黑漆石库墙门，冷静而清楚的新马路，官僚气的藤轿，叮当的包车，与八九年前丰子恺在这里做学生时的杭州相去并不太远。

翌日清晨，丰子恺与夏丏尊赶赴招贤寺，其时弘一大师闭门念佛，接待他们的便是招贤老人、法号弘伞的程中和先生。

八年前，程中和先生先弘一大师剃度，曾在玉泉寺被丰子恺亲眼所见，嗣后弘一大师也随之剃度，二人由挚友而为师兄弟。八年光阴过去，弘伞师声音笑貌毫无改变，而丰子恺幼时被母亲戏称为"猫头"的脸庞，因俗事所累，憔悴瘦损，已被母亲疼惜为"狗脸"。丰子恺不由得心中又是一番感慨，岁月在弘伞师的身上不留痕迹，而对他而言，真如灭形伐性之斧了。

弘一大师念完佛已是傍晚，他见到丰、夏诸人，立起身来以一种深欢喜的笑颜相迎，而且笑颜一直挂在脸上。丰子恺发现，弘一大师神色极好，眉宇间的秀气充溢如故，在陈设简陋的客堂里谈话时，他含笑的眼神时时地环视座中诸人，静静地倾听与丰、夏同来的朋友提出的各种问题。

丰子恺借问候弘一大师起居之机，就弘一大师送给上海立达学园一部《续藏经》之事向他致谢。弘一大师说明这部经是一位王涵之先生送给他的，他已有一部，便依照夏丏尊先生的愿望转送了立达学园。因这部经也曾有另外二人向弘一大师请求过，弘一大师就委托丰子恺代笔给此二人写信，说明原委。说到这里，弘一大师暂时不顾其他客人，从房中取出通讯地址和信笺，坐到丰子恺的身边，详细地教给他信中的措辞，这使丰子恺恍若又回到了十多年前的学生时代。他俯首恭听，看到的是弘一大师脚上穿缚的一双草鞋。

怀着异样的心情，丰子恺诸人结束了与弘一大师的见面。出得招贤寺，微风细雨，一路无言，心中只是无端怅惘。

返回上海时，一路大雨，车中寂寥之极，丰子恺独自危坐，禁不住回顾这十年来的心路历程。他只觉得：

犹如常在驱一群无拘束的羊，才把东边的拉拢，西边的又跑开去。拉东牵西，瞻前顾后，困顿得极。不但不由自己拣一条路而前进，连体认自己的状况的余暇也没有了。这次来杭，我在弘一师的明镜里约略照见了十年来的自己的影子了。我觉得这次好像是连续不断的乱梦中一个欠伸，使我得暂离梦境；拭目一想，又好像是浮生路上的一个车站，使我得到数分钟的静观。（丰子恺《法味》）

这次对弘一大师的谒见，在丰子恺心灵上造成了很大的触动，在离别大师五年之后，丰子恺又一次渴望追随他，渴望在万丈红尘中觅得一方清凉世界。

令他惊喜的是，没过几日，他便又收到了弘一大师寄自杭州的来信，信中说："音出月拟赴江西庐山金光明会参与道场，愿手写经文三百叶分送各施主。经文须用朱书，旧有朱色不敷应用，愿仁者集道侣数人，合赠英国制水彩颜料 vermilion（朱红）数瓶。"

丰子恺收到信，立即联合夏丏尊等七八人合买了八瓶温泽·牛顿制的水彩颜料，外加十张夹宣纸寄往杭州，又在信中道："师赴庐山，必道经上海，请预示动身日期，以便赴站相候。"弘一大师的回信则是："此次过上海，恐不逗留，秋季归来时再图叙晤。"

收到弘一大师回信以后，丰子恺回到石门湾去探母，在老家的橱子里找出了弘一大师以前送给他的一包照片。这些照片有穿曲襟背心、花缎袍子，脑后垂一条胖辫子的；有穿燕尾服、穿洋装的；有扮《白水滩》里十三郎的；有扮《新茶花女》里的马克的；有穿古装的、穿印度装的；有蓄须穿马褂的；有断食十七日留影的；有出家穿僧装的……检视这些照片的时候，旁观的有好几个亲戚，都惊讶地说："这人无所不为的，不做和尚多好呢！"

丰子恺把这些照片带回立达学园，同事和同学们看了也都不解，想不明白如此博学多才的风流名士何以要做和尚。

不久适逢暑假，因无须每日授课，丰子恺便尽显艺术家本色，天天袒衣跣足，在家里的过街楼上写生度日。这一天，他正与旅日归来暂住他家的友人黄涵秋坐在藤椅上看弘一大师以前的那些照片，忽然住在隔壁的一个学生神态张皇地跑上楼来，说："门外有两个和尚在寻问丰先生，其中一个样子好像是照片上见过的李叔同先生。"

丰子恺下楼一看，果然是弘一、弘伞两位法师立在门口。丰子恺不由得也手足无措起来，一面请他们上楼，一面快跑几步，先上楼去清理障碍——原来阿宝和华瞻正把黄涵秋行李箱的柳条盖放在地板上，两个人坐在里面"划船"。丰子恺把他们从"船"里抱出，移开他们的"船"，才使二位法师得以穿过前室到过街楼的书房里去就座。

原来二位法师已到上海两天了，暂住在大南门的灵山寺。要等江西来信，方可择日动身去庐山。

这样一来，不但丰子恺再见恩师的心愿提前实现了，而且见面的方式又是这样平易亲近，丰子恺真是喜出望外。

弘一大师低声直告丰子恺："子恺，今天我们要在这里吃饭，不必多备菜，早一点好了。"

他说的"早一点"，并非要去赶车赶船，而是他们出了家便是过午不食的。弘一守戒的认真，一如他的留学和从教，丝毫也不肯含糊。有一次杭州有人在素菜馆办了盛馔宴请弘一大师，因陪客太多，到齐时已是过午一点，结果弘一大师面对满桌佳肴只取食了一点水果。

丰子恺忙差孩子去买汽水，又嘱妻子即刻备菜，以保证十一点可以开饭。忙完了这一切，他回到大师身边坐下，内心的激动才如开闸的水一样涌动起来。刚刚还在看大师的照片，照片的主人此刻竟已经坐在这过街楼里了！今日何日？梦耶醒耶？

　　他从书架上把那包照片捧过来，送到弘一大师面前。大师的脸上浮出一种超然而虚空的笑来，一张一张地把照片翻开来看，兴味盎然地为大家作着说明，像在说别人的事。

　　他还说到天津的阿哥和侄儿，说他们如何反对他出家。他再写信去说服他们，他们也就不再回信了。

　　他对黄涵秋拿出的画作也长谈细论了一番，无论是首肯还是表示意见，也都一无挂碍，如叙家常。还写了石印，看七岁的阿宝表演篆刻。

　　这天因为饭开得早，饭毕时还不到中午十二点。寂静的盛夏午后，房间里充满窗外草地上反射进来的金黄色的光，弘一大师谈话的兴味很浓，话题转到城南草堂与超尘精舍，弘一大师格外地兴奋起来，对弘伞、丰子恺和黄涵秋说："这是很好的小说题材！我没有空来记录，你们可采作材料呢。"

他便讲了下面这段近似传奇的故事。故事主要与他的母亲有关。

　　弘一大师出身于富裕之家，他的父亲是天津有名的银行家。他出世时，父亲已是六十八岁，母亲是父亲的第五位姨太太，年纪尚轻。五岁时，父亲去世，家中门户复杂，母亲为避种种的不妥，南迁上海定居。当年他二十岁，在上海南洋公学读书奉母，所住的地方就是大南门一所许姓的宅子，即城南草堂。

　　他非常爱他的母亲，在城南草堂与母亲朝夕相伴的日子，他充分地享受到了天伦之乐。可惜这样的日子并不长，在他二十六岁的时候，他母亲就死在城南草堂的屋子里。弘一大师告诉丰子恺诸人："我从二十岁至二十六岁之间的五六年，是平生最幸福的时候，此后就是不断的悲哀与忧愁，一直到出家。"他讲起母亲死时的情景，脸上依然浮现出余哀："我母亲不在的时候，我正在买棺木，没有亲送。我回来，已经不在了！还只四十多岁！"

　　后来弘一大师赴日本留学，各方面的才能都得到了充分的发挥，回国后先后担任过《太平洋报》的文艺编辑和几所学校的重要教师，社会地位可谓不低。然而作为一个大家庭的庶子，幼年即丧父，刚成年又丧母，命运便如游丝飞絮，飘荡而无根了。

所以，在城南草堂读书奉母的"最幸福的"五六年，就成了他永远的思慕。后来教音乐时，他曾经将一首凄婉呜咽的西洋著名歌曲《我可爱的阳光明媚的老家》改作一曲《忆儿时》，歌词中有"高枝啼鸟，小川游鱼，曾把闲情托"的句子，写的就是那时他自己的生活。

城南草堂的房子旁有小浜，跨浜有苔痕苍古的金洞桥，桥畔立着两株两抱大的柳树。母亲去世后，他弃草堂而出国留学，许家的家运不久也衰沉了。几年前他曾经走访这座故居，发现小浜、桥、树依然如故，屋里除了墙门上的黄漆改了黑漆，一切都如故，只是房子的主人已经不姓许了。

此次来上海，弘一大师暂住的灵山寺离金洞桥很近。而且就在大南门，还有一个用于讲经念佛的去处叫作超尘精舍。弘一大师于来丰子恺家的前一天去寻访超尘精舍，可找来找去总找不到，便只好改道先去访城南草堂。

哪里晓得城南草堂的门外，就挂着超尘精舍的匾额！原来所谓的超尘精舍，就设在城南草堂里面！进到里面一看，格局一如旧时，不过换了洋式的窗户与栏杆，墙上新添了花墙洞。而他母亲以前的房间，已经供了佛像，正有僧人在那里做课。

弘一大师讲到这里，抑制不住内心的兴奋，说："真是奇缘！那时候我真有无穷的感慨啊！"其"无穷"两个字，拍子拖延得特别长，令丰子恺感到好一阵心酸。这都是对母爱的思慕使然啊！

弘一大师兴致勃勃地说："几时可陪你们去看看。"

这天弘一、弘伞二师还参观了立达学园，看了弘一大师赠送学园的《续藏经》，返回灵山寺前，弘一大师与丰子恺约定，次日一同去看城南草堂。

翌晨丰子恺等人到达灵山寺，得知江西来信已到，二位大师已决定当晚上船去庐山。不一会儿，弘一大师换了草鞋，一手夹一个随身携带的灰色手巾包，一手拿一柄两只角已经脱落的蝙蝠伞，陪丰子恺一行去看城南草堂。

到了那里，弘一大师一一指示哪里是浜，哪里是桥，哪里是树（因新筑马路，浜已填平，桥、树也已不复存在了）。走进超尘精舍，弘一大师又在五开间的屋子里一一指示：这是公共客堂，这是他的书房，这是他私人的会客室，这楼上是他母亲的住室。

当一个穿背心的和尚走到天井里来张望他们这伙人的时候，弘一大师解释说："我们是来看看的。"又笑着对他说："这房子我曾住过，二十几年前。"

那和尚毕竟是局外人，打量了他一下，漫应道："哦，你住过的！"

就在这一刹那，丰子恺感受到了人生的无常和悲哀，他不断地追问自己："如果他没有这母亲，如果这母亲迟几年去世，如果这母亲现在尚在，局面又怎样呢？恐怕他不会做和尚，我不会认识他，我们今天也不会来凭吊这房子了！……"

从城南草堂出来，他们一行又游了海潮寺，造访了世界佛教居士林，观瞻了居士林的舍利室。

黄昏时分，他们从居士林出来，弘一大师因要上船赴江西，执意分途独归。他拍拍手里的手巾包，笑道："坐电车钱的铜板很多！"便转身将瘦长的身影没入了人丛。

一天下来，丰子恺似有所悟，内心深处渐渐地产生出追随弘一大师、做居士的念头。他在《法味》这篇文章里如此写道："我在弘一师的明镜里约略照见了十年来的自己的影子了……感到人生的无常的悲哀，与缘法的不可思议；在舍利室，又领略了一点佛教的憧憬。"

一九二六年秋天，弘一大师又一次云游经过上海，他这次不但见了丰子恺，而且在他江湾的寓所里住了一个月。一个月的朝夕相处，在丰子恺的一生中打下了难以忘怀的印记。

> 每天晚快天色将暮的时候我规定到楼上来同他谈话。他是过午不食的，我的夜饭吃得很迟。我们谈话的时间，正是别人的晚餐的时间。他晚上睡得很早，差不多同太阳的光一同睡着，一向不用电灯。所以我同他谈话，总在苍茫的暮色中。他坐在靠窗口的藤床上，我坐在里面椅子上，一直谈到窗外的灰色的天空衬出他的全黑的胸像的时候，我方才告辞，他也就歇息。这样的生活，继续了一个月。现在已变成丰富的回想的源泉了。(丰子恺《缘》)

这期间发生过一件令丰子恺十分感慨的事情：若干

年前，丰子恺曾得到一册谢颂羔居士所著的书《理想中人》，把它放在书架的底层。不久前，孩子们从书架上搬书"铺铁路"玩，玩后把书归架时放错了位，结果弘一大师随手在最近便的地方就抽到了这本书。他不但为这本书的好而兴奋，而且赞颂作者的可敬，并写了一幅"慈良清直"的横额托丰子恺送给作者。于是在丰子恺的安排下，弘一大师和谢颂羔居士愉快地见了面，有了一次非同寻常的良会。

如果谢颂羔居士未赠这本书给丰子恺，如果小孩子没有玩"铺铁路"，如果弘一大师没有在丰子恺家住，这一切便不会发生。世间的因缘如此奇妙，使丰子恺对佛教因缘有了进一步的认识。

丰子恺本来就是弘一大师的得意门生，为人处世的准则又早受到弘一大师的人格熏染，经过这一个月的耳濡目染，他追随弘一大师的决心更加明晰了。

他终于发愿要拜弘一大师为师皈依佛教。

皈依的仪式就在他寓所的钢琴一侧举行，其时弘一大师为丰子恺取法名婴行。这是一九二七年农历九月二十六日的事，丰子恺满三十岁。

关于"婴行"这个法名的含义，马一浮先生在同年十月为再版的《子恺画集》所作的题词可以视为对它的诠释，全文是这样的：

　　吾友月臂大师为予言丰君子恺之为人，心甚奇之，意老氏所谓专气致柔，复归于婴儿。子恺之于艺，岂其有得于此邪？若佛五行中有婴儿行，其旨深远，又非老氏所凡。然艺之独绝者，往往超出情识之表，乃与婴儿为近。婴儿任天而动，亦以妄想缘气尚浅，未与世俗接耳。今观子恺之贵婴儿，其言奇恣，直似不思议境界。盖子恺目中之婴儿，乃真具大人相，而世所名大人，蒐琐忿矜，乃真失其本心者也。赵州有"孩子六识"话，予谓子恺之画，宜名"孩子五阴"。试以举似月臂大师，当以予为知言。

丁卯九月书与丰子恺教授

蠲叟

　　月臂大师即弘一大师。马一浮先生是弘一大师的挚友，他对弘一大师及丰子恺的言行品格最为洞悉，故把他的题词用来诠释丰子恺的法名，也最为权威。

丰子恺拜弘一大师皈依佛教以后，心境发生了很大变化，作品中"佛化"的倾向也越来越明显，他认为使人生圆滑进行的微妙要素莫如"渐"，而造物主骗人的手段也莫如"渐"，人类若能不为"渐"所迷，不为造物主所骗，则能减少许多凶险残惨的争斗，而收缩无限的时间并空间于方寸的心中。

此外，他的言行也发生了很大变化，比如以前他坐藤椅，往往衔着纸烟随意斜坐，手指拍着椅子就像拍着音乐的节奏，而现在则挺直腰身端坐，双手垂直放在膝上，说话时有问必答，不问不答，声音低沉和缓。

朱光潜非常了解变化中的丰子恺，他在《丰子恺先生的人品与画品》一文中，对丰子恺的精神世界这样评价：

当时一般朋友中有一个不常现身而人人都感到他的影响的——弘一法师。他是子恺的先生。在许多地方，子恺都得益于这位老师。他的音乐图画文学书法的趣味，他的品格风采，都颇近于弘一……他的言行举止都自然圆融，毫无拘束勉强。我认为他是一个真正了解佛家精神的人。

一九二九年二月，弘一大师与丰子恺合作编绘的《护生画集》由开明书店出版，该画集由丰子恺作画五十幅，弘一大师配诗文，内容为提倡仁爱，劝人从善戒杀。比如《农夫与乳母》一图，弘一大师配诗曰："西方之学者，倡人道主义。不啖老牛肉，淡泊乐蔬食。卓哉此美风，可以昭百世。"可以说，《护生画集》的宗旨与东西方第一次世界大战以后兴起的素食护生思潮基本一致。

许多人对弘一大师由艺术升华为"遁入空门"的举动始终不能理解，现在，理解他的人有了一个丰子恺。他认为弘一大师的出家是当然的，因为人的生活分为三层：一层是物质生活，即衣食荣华；二层是精神生活，即文学艺术；三层是灵魂生活，即宗教。大部分人能追求到锦衣玉食、尊荣富贵、孝子贤孙，就已经很满足了。另一类人则把全心寄托于艺术的创作与欣赏，他认为自己就是这样的人。而弘一大师"人生欲"很强，他认为财产子孙都是身外之物，学术文艺都是暂时的美景，连自己的身体都是虚幻的存在，故不肯做本能的奴隶，一定要去追究灵魂的来源和宇宙的根本。

当然弘一大师是一层层楼逐次上去的。他幼年享受尊荣富贵，少年时以沪学会、南社巨子的称号驰誉文坛，青年时成为中国最早研究洋乐洋画和话剧的新艺术家，壮年时已经蜚声艺苑，门下弟子亦不止三千。他练钢琴、写魏碑、作诗文，为每一阶段的每一种尝试与追求而兴奋，但这些东西都像甘蔗，尝完了甘味以后，剩下的只是渣滓。于是他不得不一次次地唾弃，而寻求永久的"法味"。

　　丰子恺自称脚力小，不能追随弘一大师上三层楼，还停留在二层楼上，"斤斤于一字一笔的小技，自己觉得很惭愧，但亦常常勉力爬上扶梯，向三层楼上望望"。（丰子恺《我与弘一法师》）

缘缘堂

丰子恺喜欢给自己的居室取名。以往他给居室取名，一般是根据寓所的环境和特点找灵感，而一九二六年住在江湾"弄堂房子"里的时候，恰好弘一大师在这里住了一个月，他便请弘一大师为自己的居室命名。

弘一大师为丰子恺指点了一个令他始料未及的方法：他让丰子恺在若干小纸片上分别写上自己喜欢而又可以互相搭配的文字，然后把每张纸片都揉成小纸团，撒在释迦牟尼的供桌上，由丰子恺本人来"抓阄"。结果，丰子恺连续两次都抓到了同一个"缘"字，于是室名就叫作"缘缘堂"。

丰子恺很喜欢这个室名，立即请弘一大师写了横额，装裱后挂在寓所内。

其实当时江湾永义里的"弄堂房子"是十分简陋

的，既无"堂"，亦无"厅"，所谓"缘缘堂"，只是指其"灵"的存在罢了。

一九二六年十月，丰子恺作于缘缘堂的《音乐入门》一书由开明书店出版，对当时音乐启蒙教育工作产生了重大影响。这本书在半个世纪内曾重印数十次。

一九二七年二月，作于缘缘堂的第二册漫画集《子恺画集》由开明书店出版，朱自清作跋。

一九二八年六月，丰子恺于缘缘堂写随笔《渐》，署名婴行。夏，写随笔《儿女》，署名子恺。所撰《西洋美术史》由开明书店出版。绘护生画五十幅，由弘一大师题字，交开明书店，于次年二月出版。

一九二九年秋，丰子恺作随笔《秋》。

一九三○年三月，《西洋画派十二讲》由开明书店出版。

一九三一年一月，丰子恺最早问世的散文集《缘缘堂随笔》由开明书店出版。

在丰子恺的艺术创作中，与漫画具有同样高成就的、同漫画具有同样深远影响的，就是他命名为《缘缘堂随笔》的散文创作。

在同时代的国内艺术家中，像丰子恺那样作画著文都能得心应手且不落窠臼的，并不多见。往往一个题材拿到手以后，宜于用文字表达的，他就写随笔；宜于用形象表达的，他就作漫画。这便使得丰子恺在创作了大量漫画的同时也写了众多的随笔。

继《缘缘堂随笔》之后，丰子恺于一九三二年十月又在上海中学生书局出版了《中学生小品》。这两本散文集的出版，奠定了丰子恺在中国现代散文界的地位。

丰子恺的散文随笔多半是他内心世界的独白，所以篇篇都具有真率的特点。他在一九二五年写的《东京某晚的事》，文中向往的就是一个"天下如一家，人们如家族，互相亲爱，互相帮助，共乐其生活"的理想世界。而这种理想世界在现实生活中并不可得，他便又一头扎进了纯真得连他都感到惊叹的儿童世界。从这类作品，如《从孩子得到的启示》《华瞻的日记》《儿女》《忆儿时》等文中，读者很容易体会到跳动在丰子恺胸中的那一颗赤子之心。

丰子恺把对虚伪、倾轧、贪婪、凡庸的社会现实的不满，以及对世俗社会病态生活的不堪忍受，表达在对儿童的崇拜之上。郁达夫因此认为，丰子恺对儿童的爱，比之冰心在爱的哲学里避风，更是一种体贴入微的爱。

郁达夫在编选《中国新文学大系·散文二集》时，收入了丰子恺《渐》《秋》《给我的孩子们》《梦痕》和《新年》五篇散文，在评点这些散文的《导言》中，他给予了丰子恺极高的评价。他认为，"浙西人细腻深沉的风致"在丰子恺的散文里得到了体现，"人家只晓得他的漫画入神，殊不知他的散文清幽玄妙，灵达处反远出在他的画笔之上"。

丰子恺的散文从一开始就显露出其独特的艺术风格，他总是选取自己熟悉的生活题材，取其片段，以自己的所感，用最朴质的文字坦率地表达出来。在朴质细微乃至接近白描的文字中，倾注了真挚而又深沉的情感，同时又不乏哲理性的文句，很容易打动读者的心灵并引发共鸣。

赵景深这样评价丰子恺的散文："他只是平易地写去，自然就有一种美，文字的干净流利和漂亮，怕只有朱自清可以和他媲美。"

当时，朱自清、丰子恺、朱光潜等人均被归为"白马湖作家群"，在散文史上，他们属于以周作人为代表的冲淡平和的一派。他们有各自独特而鲜明的"个性”，又有相似的文学风格，更有共同的理想——张扬艺术、提倡美育，在教育出版上做一些务实的工作。

从散文审美的角度看，除了“冲淡平和”的共性之外，夏丏尊的散文个性是深沉抒情，朱自清的散文个性是细腻隽永，丰子恺的散文个性则是深沉而富有灵气，隽永而含蕴哲理，其成就是相当高的。

一个公认的事实是，“白马湖风格”几乎成了现代散文史中近乎完美的范本。

一九三〇年正月初五，丰子恺的母亲钟芸芳病逝。丰子恺精神上受到了非同寻常的打击。他开始蓄须悼母，然难以从哀伤中自拔，终于在秋天患了伤寒症，大病一场。立达学园的教职他干脆辞了，隐居在嘉兴杨柳湾金明寺弄四号一座庞大而古旧的屋宇里，卧床不起。

直到次年春天的清明，丰子恺到杭州延定巷拜访过马一浮先生，他的心境才开始有所改变。

丰子恺还是一九一八年在读浙江省立第一师范的时候，跟随出家前的李叔同先生在这条陋巷里拜访过马一浮。十多年的时间过去了，世事沉浮，李叔同先生早已成为弘一大师；丰子恺儿女成群，事业有成，却失去了一位慈母。而马一浮先生十数年如一日，孑然一身隐居在这条陋巷里，孜孜不倦地读书、研究，全身心地致力于国学。在此期间竺可桢曾请他出任浙江大学教职，陈百年曾请他出任北京大学教职，均被他一一婉言拒绝。

丰子恺这次拜访马一浮先生，客观上是受弘一大师之托，送两块印石给他，内心里，却想借这次见马一浮先生的机会，请他帮自己解丧母的悲惑。

陋巷、老屋，依然古色苍然，看不出这里曾进出过多少著名的人物：梁漱溟、熊十力……而马一浮的音容与十多年前也几乎一样，"坚致有力的眼帘，炯炯发光的黑瞳和响亮而愉快的谈笑声"。

丰子恺当时的状态非常不佳，他在《陋巷》（发表于一九三三年四月十六日《东方杂志》）一文中写道：

> 我那时初失母亲——从我孩提时兼了父职抚育我到成人，而我未曾有涓埃的报答的母亲。痛恨之极，心中充满了对于无常的悲愤和疑惑。自己没有解除这悲和疑的能力，便堕入了颓唐的状态。我只想跟着孩子们到山巅水滨去郊游，以暂时忘却我的苦痛，而独怕听接触人生根本问题的话。我是明知故犯地堕落了。

而一迈进陋巷，感受到马一浮先生勉力而严肃的人生，他内心的自疚便油然而生。马一浮先生是何等睿智之人，他并不直接为丰子恺解悲释疑，而是谈起了由丰子恺作画、他作序的《护生画集》，给予了很大的勉励。知道丰子恺抱着风木之悲，又为他解说无常，给他以劝慰。丰子恺心中那团剪不断理还乱的思绪，不知不觉解散开来。一个多小时以后，辞别马一浮先生走出陋巷来的丰子恺，忽然感受到了天空的晴朗和春色的和煦，街角停着一辆黄包车，脚步变得轻快的丰子恺竟然连价钱都没问就一步跨了上去……

　　两年以后即一九三三年一月，丰子恺再次造访陋巷时，心情已不复悲愤和颓唐。同时为了抵抗"无常"，已经将古诗词中许多咏叹无常的文句，如"笙歌归院落，灯火下楼台""六朝旧时明月，清夜满秦淮""白头宫女在，闲坐说玄宗"等，翻译为画，预备出版一本《无常画集》。他曾寄过两幅给马一浮先生，这次来，便是想当面听听他的指教。

　　马一浮先生欣然指示他许多可以译画的佛经和诗文集，背诵了许多的佳句给他听，最后告诫他："无常就是常。无常容易画，常不容易画。”

　　丰子恺闻之幡然有悟，仿佛从无常的火宅中脱身出来到了一个清凉世界。马一浮先生是那样地可敬可亲，然而虽然他的音容一如两年前，深黑的须髯却已经变成了银灰色。丰子恺想到“白发不能容相国，也同闲客满头生”的诗句，更加悔恨没有早从马一浮先生这里得到有益的教诲，而白白地堕落了许多的日月。

　　这次拜见马一浮，还有一件重要的事情，便是请他写一幅“缘缘堂”的大幅横额。当年弘一大师指点丰子恺用抓阄方式为上海江湾的寓所命名“缘缘堂”，而那座既无厅也无堂的弄堂房子，不过是缘缘堂的“灵”的象征，直到六七年之后的一九三三年，即丰子恺第三次去拜见马一浮之时，它的“形”才真正地得以诞生。

　　那是在丰子恺家乡石门湾梅纱弄丰家老屋的后面，专门为缘缘堂建造的一座三楹高楼。

　　缘缘堂高大、轩敞、明爽，具有深沉朴素之美，由丰子恺亲自绘图设计。为力求“全体正直”的特点，施工中曾不惜耗费数百元拆掉重造，成为全镇的奇谈。缘缘堂构造用中国式，取其坚固坦白。形式用世纪风，取其单纯明快。一切因袭、烦琐、无谓的布置与装饰，一概省略。

缘缘堂正南向的三间房，铺大方砖，正中悬挂马一浮先生写的堂额。壁上悬挂的是弘一大师书写的《大智度论·十喻赞》和"欲为诸法本，心如工画师"对联。堂额下，则是吴昌硕所绘的老梅中堂。

西室是丰子恺的书斋，四壁陈列图书数千卷，风琴上悬挂的是弘一大师书写的"真观清净观，广大智慧观。梵音海潮音，胜彼世间音"的长联。

东室为餐厅，内连走廊、厨房、平屋。四壁悬挂的是沈寐叟的墨迹。

堂前的天井里，筑了半圆形和扇形的花坛各一座，种有樱桃、芭蕉和蔷薇。堂后的院落里，有葡萄架、秋千架、冬青和桂花树。院子的门前，是两株桃树。

这样一座缘缘堂，从内到外，都已俨然是一个世俗之外的清凉世界。

缘缘堂建成的前几天，全家聚集在老屋里等候乔迁，两代姑姑也都带了孩童仆从，赶来老屋助兴贺喜，而最应该享受此时快乐的母亲，却已经长眠在了五里外的长松衰草之下。

建屋是丰子恺母亲多年的心愿。很久以前，她就买下了老屋惇德堂后面的这块地基，然而，那时候染坊和数十亩薄田的收入只够维持生计，远没有造屋的余裕。丰子恺自立之时业已娶妻，此后几乎每年生一个孩子，所挣收入自顾不暇，母亲也只好把造屋的念头压抑在心底。丰子恺三十岁的时候，送妻子回老家侍奉母亲，才发现抚育了丰家三代的老屋已经门坍壁裂，似无力再荫庇这许多的人了。幸好那时候丰子恺的著作颇丰，收入也渐渐地多起来，每年都能有几叠钞票交给母亲，于是，造屋的念头又偷偷地浮出了母亲的心底。

有一天，邻家请了木匠修理窗子，母亲便借了他的六尺杆，拉了丰子恺到屋后去测量土地，计议造屋的打算。回来的时候，母亲恐造屋条件不成熟，被人知道了笑话，低声关照丰子恺别把造屋的设想说出去。丰子恺血气方刚，告诉母亲他一定要造这座屋子，钱他会准备。然而，造屋毕竟不是易事，两年以后母亲去世，又过了三年，屋才造成。

丰子恺忽然感觉到，住进新屋的幸福不过尔尔，而母亲那种希望中的幸福，才是最纯粹、最彻底、最完全的幸福。世间所有的事物，也都是这样一个道理。

缘缘堂的建成，靠的全是丰子恺的辛勤笔耕。他曾说："这缘缘堂是我那支大红派克钢笔写出来的！"那些年里，丰子恺在绘画、文学等方面均十分多产，内容几乎涉及了所有的艺术领域。有人曾把他与弘一大师作过比较，认为除了戏剧之外，丰子恺几乎全盘继承了老师出家之前的事业，且在各个艺术门类里都取得了非凡的成绩。

缘缘堂建成以后，丰子恺因立达学园创办人匡互生去世，学园逐渐变质，不再去学园任教职，而利用堂内丰富的藏书和乡间宁静安谧的气氛，潜心著书立说。这段时期，可谓他创作生涯中的全盛时期，短短的几年，他仅出版的书籍便有：画集《云霓》（一九三五年四月，天马书店）、《人间相》（一九三五年八月，开明书店）、《都会之音》（一九三五年九月，天马书店）；随笔集《随笔二十篇》（一九三四年八月，天马书店）、《车厢社会》（一九三五年七月，良友图书印刷公司）、《丰子恺创作选》（一九三六年十月，仿古书店）、《缘缘堂再笔》（一九三七年一月，开明书店）、《少年美术故事》（一九三七年三月，开明书店）；音乐著作《开明音乐讲义》（一九三四年十一月，开明书店）；艺术论著《绘画与文学》（一九三四年五月，开明书店）、《近代艺术纲要》（一九三四年九月，中华书局）、《艺术趣味》（一九三四年十一月，开明书店）、《开明图画讲义》（一九三四年十一月，开明书店）、《艺术丛话》（一九三五年四月，良友图书印刷公司）、《绘画概说》（一九三五年八月，亚细亚书局）、《西洋建筑讲话》（一九三五年十二月，开明书店）、《艺术漫谈》（一九三六年十月，人间书屋）等。

丰子恺也对他这段时期的创作成就感到惊讶：

> 我近年来应各种杂志邀稿，写的大部分是关于美术音乐的短文、长文及译文。每期我从杂志上撕下发表稿来，塞在一个竹篮里，向来没有工夫去回顾。最近偷闲打开竹篮看看旧稿，发现很厚的一叠！惊讶之余，继以感慨。这些密密地排印着的活字，一个个都是从我的右腕上一笔一笔地写出来的！（丰子恺《〈艺术丛话〉付印记》）

创作的勤奋使丰子恺有了一定的节余，他便在缘缘堂落成的第二年，在杭州租了一所房子，请两名工人留守，免去了游杭时住旅馆的不便，朋友们把它戏称为丰子恺的"行宫"。很多人都对丰子恺的所为感到不解：他不在杭州赚钱，倒无端地花钱去做寓公。

然而对于丰子恺来说，杭州的美能给予他艺术的灵感，这就是取之不尽的财富了。

每年春秋两季，丰子恺便住在杭州，尽享西湖的好景。他依然把三潭印月等名景让给别的游客，自己专去欣赏无名的地方。人弃我取，使他充分欣赏到了西湖春秋佳日浓妆淡抹的真相。

而夏季西湖上颇热，丰子恺宁愿回到石门湾。石门湾到处有河水调剂，即使天热，也热得缓和而气爽，不致闷人。缘缘堂朝向南，有风而且高敞，家中西瓜、凉粉必备，胜过都市里的电风扇和冰淇淋。

冬天大家过年，阖家团聚，贺岁、饮屠苏酒，更是非回石门湾不可的。

这样往返于杭州和石门湾之间，读书、笔耕、游玩兼顾的日子，是丰子恺一生中的快乐时光。以后每每回想起那一段岁月，尤使丰子恺憧憬不已的，依然是缘缘堂。

春天，两株重瓣桃戴了满头的花，在门前站岗。院内朱楼映着粉墙，蔷薇衬着绿叶。院中秋千亭亭地立着，檐下铁马叮咚地响着。堂前燕子呢喃，窗内有"小语春风弄剪刀"的声音。这和平幸福的光景，使丰子恺难忘。

夏天，红了樱桃，绿了芭蕉，在堂前作成强烈的对比，向人暗示"无常"的至理。葡萄棚上的新叶，把室中人物映成绿色的统调，添上一种画意。垂帘外时见参差人影，秋千架上时闻笑语。门外刚挑过一担"新市水蜜桃"，又来了一担"桐乡醉李"。喊一声"开西瓜了"，忽然从楼上楼下引出许多兄弟姊妹。傍晚来一位客人，芭蕉荫下立刻摆起小酌的座位。这畅适的生活也使丰子恺难忘。

秋天，芭蕉的叶子高出墙外，又在堂前盖造一个天然的绿幕，葡萄棚上果实累累，时有孩子在棚下的梯子上爬上爬下。夜来明月照高楼，楼下的水门汀映成一片湖光。各处房栊里有人挑灯夜读，伴着秋虫的合奏。这清幽的情况又使丰子恺难忘。

冬天，屋子里一天到晚晒着太阳，炭炉上时闻普洱茶香。坐在太阳旁边吃冬舂米饭，吃到后来都要出汗解衣裳。廊下晒着一堆芋头，屋角藏着两瓮新米酒，菜橱里还有自制的臭豆腐干和霉千张。星期六的晚上，孩子们伴着坐到深夜，大家在火炉上烘年糕，煨白果，直到北斗星转向。这安逸的滋味也使丰子恺难忘……

对西湖的"行宫"生活，丰子恺用古人的两句话来作诠释："不为无益之事，何以遣有涯之生？"他觉得人的一生是有限的，如果都用来谋利，则生命就虚度了。

每年春秋两季的亲近西湖，的确使丰子恺获得了极大的艺术灵感，他的许多优秀随笔都是在"行宫"里写成的。而这些随笔，往往触发于一些具体的小事。

比如一篇《山中避雨》写的是有一天他带着两个女儿到西湖的山中去玩，天忽下雨，他们仓皇奔走到一座小庙前的三家村，选择一家小茶店避雨喝茶。孰料雨越下越大，女儿们越来越怨天尤人，然而茶店的主人却取了一条板凳坐到门口，对着山色空漾的雨景用胡琴拉起了《梅花三弄》。他拉得不是太准，拍子把握得倒还不错。

丰子恺学过音乐，又有弹钢琴和拉小提琴的经验，小时候也向邻居学过胡琴的工尺。他便向店主人借过胡琴来，拉了给女儿们解闷。于是，一番动人的情景出现了：

在山中小茶店里的雨窗下，我用胡琴从容地
（因为快了要拉错）拉了种种西洋小曲。两女孩和
着了唱歌，好像是西湖上卖唱的，引得三家村里的
人都来看。一个女孩唱着《渔光曲》，要我用胡琴
去和她。我和着她拉，三家村里的青年们也齐唱起
来，一时把这苦雨荒山闹得十分温暖。

丰子恺在此番情景下不由得大发感慨：

我曾经吃过七八年音乐教师饭，曾经用 piano
（钢琴）伴奏过混声四部合唱，曾经弹过 Beethoven
（贝多芬）的 sonata（奏鸣曲）。但是有生以来，没
有尝过今日般的音乐的趣味。

丰子恺从这件事中得到了很大的启示：

胡琴只要两三角钱一把，虽然音域没有 violin
（小提琴）之广，也尽够演奏寻常小曲。虽然音色
不比 violin 优美，装配得法，其发音也还可听。这
种乐器在我国民间很流行，剃头店里有之，裁缝店

里有之，江北船上有之，三家村里有之。倘能多造几个简易而高尚的胡琴曲，使像《渔光曲》一般流行于民间，其艺术陶冶的效果，恐比学校的音乐课广大得多呢。

后来恰逢两辆空黄包车经过，丰子恺父女便辞别了三家村。村里的青年们都来送他们上车，依依惜别的情景令丰子恺十分感动："若没有胡琴的因缘，三家村里的青年对于我这路人有何惜别之情，而我又有何依依于这些萍水相逢的人呢？古语云：'乐以教和。'我做了七八年音乐教师没有实证过这句话，不料这天在这荒村中实证了。"

丰子恺的艺术观受时代的影响，崇尚西洋文化而不重视民族文化。荒村的二胡，使他得以重新认识民族音乐的魅力；而梅兰芳的京剧唱片更进一步改变了他音乐欣赏的趣味。缘缘堂建成以后，丰子恺新买了一架唱机。他的本意是用来欣赏西洋音乐，但交响乐和奏鸣曲的唱片价钱太贵，而且因为来华的外国商人只喜欢跳舞伴奏用的曲子，上海的唱片店里也很少能够买到高雅的西洋乐唱片。丰子恺只好买些可听而易购的国产唱片，起初只买了七八张梅兰芳的青衣唱片，然而乡居寂寥，每晚开唱机，邻人都有聚来听，听惯了梅兰芳的，第二次、第三次又去买，以后丰子恺的唱机便成了专放梅兰芳唱片的唱机。

并非丰子恺迁就邻居们的欣赏趣味，而是他自己完全被梅兰芳优美的京剧演唱所"俘虏"。"我初听这些唱片时，觉得有些动人；再听，三听，竟被它们迷住了，终于爱不忍释了。"

他恍然明白，五四时期许多人反对京剧，要淘汰它，是因为那时候京剧的内容陈腐，含有不少封建的毒素；而他现在爱好的，是京剧那夸张的象征和明快的形式。丰子恺声称，梅兰芳对他的音乐爱好起了转折的作用。他在《怀梅兰芳先生中》说："西洋的和声音乐固然好，但中国的旋律音乐也自有它的好处，味道和西洋音乐不同，却适合我这中国人的胃口。"

丰子恺甚至把他漫画艺术中浓郁的民族气息也归功于梅兰芳："自从他把我的音乐趣味从西洋扭到中国之后，我的美术趣味就跟着走，也从西转向了东，从此我看重中国自己的美术了。"

从胡琴的启示到梅兰芳唱片引起的反思，说明丰子恺在缘缘堂建成后的这段时期，更清醒地把自己的艺术植根于中国的土壤，并且从中获得了更加活跃的艺术生命。

离乱

一九三七年四月，丰子恺还赴南京参加了美术研究会，到了七月，就发生了震惊中外的卢沟桥事变。丰子恺做梦也没有想到，他曾汲取过丰富的西洋艺术营养的邻国日本，一夜之间成了侵略自己国土的敌人。

战局一天天地恶化，到了日军侵占上海的"八一三"枪响，江南已经是一片人心惶惶。当时杭州时有空袭，丰子恺特地派人把西湖的"行宫"锁闭了，把留守女工也遣散回家躲战乱。不久城区被炸，杭州人纷纷逃往乡下，丰子恺便干脆把"行宫"的书籍家什都用船载回了石门湾。

也许是对战争缺乏深刻的认识，也可能是幼稚地以为到了乡下便平安无事。最初杭州的书籍家什运到时，缘缘堂还很热闹了一番，整理书籍、布置家具，上上下下装潢得面目一新。邻家的妇孺没见过沙发，都跑来坐一坐；店里的伙计没见过"开关热水壶"，拿它当个宝鼎。上海的南市已是一片熊熊火海时，石门湾和缘缘堂的人们还在自得其乐。这时候，汉口和四川的朋友都写信来，说战事必致扩大，浙江亦非安全之地，劝丰子恺早日携眷入川或赴汉。

丰子恺一时却舍不得离开石门湾。一则因为缘缘堂得到杭州家具书籍的充实，每个房间都是明窗净几、屏条对画，十分富丽堂皇。再则，上海、嘉兴、杭州等地的许多人家都迁到石门湾避难，使大家误以为这里是桃花源。老百姓甚至认为，炸弹每一颗都很贵，石门湾这么小的地方，"即使请他来炸，他也不肯来的"。三则，石门湾亲朋故旧甚多，大家不逃，也宁愿相信石门湾是不会有问题的。

鉴于此，丰子恺面对朋友们的劝告，"沉吟意不决者累日"，直到农历九月二十六日，松江已经失守，嘉兴已被炸得不成样子，丰子恺一家还在缘缘堂里大宴宾客，为丰子恺过四十岁生日。

那天堂上红烛高照，糕桃寿面陈列了两桌，远近亲朋济济一堂吃寿筵，到处一片祥瑞之色。然而宾朋的谈话内容却大大不同于寻常。有个从上海南站搭火车逃回来的人说，空袭时，火车突然飞奔，车顶上坐满的逃难人纷纷坠下，有人坠在铁道旁，手脚顷刻间被车轮碾断，惊呼号啕之声淹没了火车的开动声！有人亲眼所见，上海南市的大火之后，无数难民无家可归，日夜站立在法租界紧闭的铁栅门边，一有同胞从铁栅里投出面包，便有无数饥饿的人乱抢。一位本家从嘉兴逃出，说有一次轰炸时，他看到一位妇女躲在墙角给孩子喂奶，忽然附近扔下一颗炸弹，硝烟散后，人们看到那妇人的头已被弹片削去，而婴儿依旧在其怀里吃奶。

这些谈话使满座人为之叹息，而堂前的红烛与上述的惨剧形成了鲜明的对比。

此后不过一个星期，日本侵略军的炸弹就扔到了石门湾。

那一天是一九三七年的十一月六日，即农历十月初四。上午丰子恺照例坐在书斋里工作，画一册《漫画日本侵华史》，忽听得窗棂仿佛被人碰了一下，窗玻璃发出震响。此后一连震响数次，楼上楼下几百块玻璃一块儿震动，发出远钟似的声音，后来才知道，这是崇德在被轰炸。

122

中午有一架双翼侦察机飞过，大家还都跑出门去看，如同春天看纸鸢、秋天看月亮一样。到了下午两点，飞机再来时，便扔了炸弹。

在所有的人生死之权都操在空中刽子手手中时，作为父亲、家主、保护者的丰子恺，只能把一家老小召集到一张覆盖了丝绵被的桌子底下，聊以自慰。

那天下午，飞机轰炸了两个小时，共投大小炸弹十余枚，发射机关枪子弹无数。当场炸死三十余人，伤无数。

仓促之中，丰子恺率全家收拾衣物，于傍晚的细雨中匆匆辞别缘缘堂，乘妹夫蒋茂春摇来的一只船，迁往三四里外的村子——南沈浜避难。

他们都以为这只是暂别缘缘堂，谁知此后一家人中只有四个人回来取过一两次衣物，其余的人都从此开始了颠沛流离的生活，与缘缘堂成为永诀。

南沈浜是丰子恺妹妹雪雪的家。船冒着雨抵达南沈浜时，天已黑透了，雪雪擎了一盏洋油灯站在河岸的湿地里迎接。妹夫蒋家一门忠厚，殷勤招待，安排他们一家住在一座族人平时用以堆谷物的空楼里。当晚，丰子恺一家在楼上席地而卧，日间残酷的浩劫犹如噩梦，使他们不得安眠。丰子恺的逃难家庭一共有十个人——岳母老太太、丰子恺姐姐丰满、丰子恺夫妇，以及陈宝、林先、宁馨、华瞻、元草、一吟几个孩子。在南沈浜住下后，僮仆俱无，一切生活均得自理，孩子们学习劳动也从此开始。不久，又见飞机在几里外的石门湾上空盘旋投弹，大家不由得庆幸全家人均已在安全地带。虽然满心里是战乱的忧患和凄惶，但丰子恺那双艺术家的眼睛，依然能从乡村生活中发现许多的田野之趣。正是秋收时节，孩子们跟着姑夫到田里去收稻、采茶菊。看上去是一种世外的欢乐。丰子恺在半里外的一棵大银杏树下卧望苍天，回想小时候在这里游戏的情景，缅怀今古，一时竟觉得战争、逃难等均不足介意了。

丰子恺还雇人每日去十五里外的练市镇借报纸，了解战事。报载嘉兴固若金汤，丰子恺便每每把这类好消息写出来，贴在门口，让乡人们都来看。他拿定主意，嘉兴不失，决不再逃难。不料不久就有军队在村前筑战壕，一位连长告诉他这里也可能要放弃。他这才与大女儿陈宝及一位店员趁夜到石门湾缘缘堂去取物，以备进一步逃亡。缘缘堂只剩下饿狗饿猫，家用的杂物拿不胜拿，丰子恺只把心爱的、版本较佳的、新买而未读的书拣了两网篮。拣完书已是夜深，三人巡视空寂无人的石门湾，昔日繁华已被战争的凄惨逼人所代替。忽然，一家店楼上传出一阵病者的咳嗽，满城皆是回音，令人不寒而栗。走出家时，丰子恺曾回首一望，数百块窗玻璃在黎明中发出幽光。这竟是丰子恺与缘缘堂所见的最后一面。

十一月二十日，一位叫周丙潮的儒雅青年前来拜见丰子恺。他是族中的远亲，酷爱书画，是丰子恺的崇拜者。周丙潮家中有船，盘缠已有准备，欲邀丰子恺一家乘他的船先去杭州，然后再去安全的地方。

丰子恺欣喜不已，当下便与周丙潮约定，次日开船赴杭。这时恰好收到马一浮先生的一封信，言已由杭州迁居桐庐，住迎薰坊十三号。丰子恺便又决定抵杭后即去桐庐投奔马一浮先生，然后再定行止。

临行前夜检点行装，他才发现最重要的东西没有准备：家中只有数十元的现款，其余皆为无法使用的银行存折。丰子恺十分怨悔自己的无知，家累如此，时局如此，却不懂得早些领取钱款以备万一。

这时候，六个孩子纷纷说："我们有。"一齐拿出了每年丰子恺送给他们的生日红包。丰子恺有一个习惯，每逢子女过生日，便送一个红包，上写"长命康乐"四个字，里面的钱按他们的岁数给，自然是逐年增加。孩子们照例是不拆这些红包，如今一齐拆开，凑起来居然有四百多元，成为可观的逃难之费。

这笔意外之款解救了丰子恺因轻财之习酿成的大错，真是侥幸之至！

他们把四百元分装在各人身上，当夜辗转反侧。忽闻北方炮声震响，床铺都被震得咯咯作声，早晨才知道，石门湾已经失守在嘉兴之先。

逃难已经成为间不容发的事情，幸亏周丙潮的船中午如约开到，丰子恺一家只好忍痛辞别执意留下的老姑母和雪雪一家，与周丙潮一家三口仓皇上了路。

沿途所见，千百年来素称为繁华富庶、文雅风流的江南佳丽之地，已经遍地狼烟与杀气，昔日的书卷气与艺术香已荡然无存了。

周丙潮的船不过是普通的农家航船，并无雕栏与玻璃窗，但在当时四乡的船皆被军管的情况下，这只漏网的船无异于济世宝筏了。周丙潮家境小康，大难将临，他的父亲把两房儿孙分托两处，为求万一有变，至少可以不致全体覆没。周丙潮是次子，有子刚刚三岁，遵父

126

命携妻带子与丰子恺结伴逃亡。船简行装也简，除了必要的日用品，几乎什么都没带。丰子恺书籍文具一概留在岸上托人照管，那时他还天真地想，不管故乡如何失守，图书总是没有人要的。他随身的物品只有一只表、一只香烟匣、一只香烟嘴、一只钱袋。钱袋里还有一只指南针、一方石章、一方边款刻有一篇细字《般若波罗蜜多心经》的牙章及一柄读心经用的小型放大镜。

次日，船一路在炸弹的轰鸣声中前行，因怕成为敌机的轰炸目标，只能走走停停，时而泊在树影里避一避。然而依然风险不断，不是泊岸时险遇打劫的歹徒，就是在河道上被兵船所截。所见百姓均遭过炮火和洗劫，一船人风声鹤唳，饥寒交迫，初初上路，已经饱尝逃难之苦。

到杭州的后半截路只能靠步行，行装再减时，丰子恺把两个最大的被包送给了船户，结果造成了长久的悔恨，因为那里面是两条全家用以御寒的丝绵被。丰子恺的岳母已过七十岁，只能雇人背她步行。好不容易再见到西湖，景色依旧，丰子恺内心怆然，一时间竟泪如雨下。

杭州也时有空袭警报，一家人走得快慢不均，警报一来就失散了，好不容易重新聚齐，又雇了一只船，才逃离了兵荒马乱的杭州。

次日深夜，船抵桐庐。旅馆里皆住满了士兵，丰子恺万般无奈，只好到迎薰坊去惊扰马一浮先生。马一浮先生立即邀他们这船难民到他家投宿。当夜睡在马一浮先生厢屋的小铁床上，丰子恺感慨万千。人间以漂泊为苦，如同蓬絮，而他带着老小一大群眷属，此漂泊更非蓬絮可比。此刻他们如覆巢之鸟，幸得栖身之枝，但不筑新巢，终非长久之计。

这时候马一浮先生将迁居至离城二十里的阳山坂，恰巧有位辗转向丰子恺求过一幅画的童君慕名来访，得知丰子恺想追随马一浮先生去阳山坂，便托他的朋友帮忙，果然为丰子恺找到了一处房子，且房主也仰慕丰子恺的大名，不肯收租金。

这是很新的三层楼屋，宽大、坚固，梁上的红纸还没有褪色。丰子恺辨认那红纸上的字，右边一个"有"，左边一个倒写的"好"，原来是"有到头，好到底"的意思。丰子恺安排好了这个新巢，出门看时，四处竹林掩映，衬着美丽的山形，宛似西湖的三潭印月。他的书生气又生出来了，颇想在梁上再贴一方红纸，上面倒书一个

128

"住"字——但愿在这里"住到底"！

丰子恺果然进入了乐不思蜀的佳境，每天和邻人共饮家酿陈酒，谈诗作画。时逢战乱，这么偏离都市的地方，他也能遇到开明书店编辑部的职员，大家相谈甚欢。右邻家的儿子爱好音乐，前邻家的聋哑小孩子是一个美术天才，乡学校的美术先生则是后来著名的画家黄宾虹，既不乏知音和同道，又得醇厚民情的滋养，兼之可步行到一里外的马一浮先生处，负暄品茗谈义，丰子恺真的希望这样的生活永无止境。

然而，这桃源般的生活只维持了二十三天，就被逼近的炮火打断了。

这一天，忽然来了大批军队，欲以山地为战场，抗御日军。军队还带来消息，说石门湾已夷为一片焦土。丰子恺知道此处已不可留，而故园也已回不去，便只有继续远走他乡。

马一浮先生对环境的变迁坦然相向，决定不走。丰子恺便与妻子商量，把年迈的岳母托付给位于深山顶的黄宾虹父母家。为使老太太免受颠沛流离之苦，也只好这样。雇轿抬岳母上山时，全家挥泪，"悲莫悲兮生别离"，丰子恺深深体会到了战乱带来的断肠之痛，一时间鬓边添了许多的白发！

雇船溯江而上时，全家人若有所失，茶饭无心，孩子们首先道破："外婆悔不同了来！"顿时连同行的亲友也为之流泪。丰子恺发现汽车还通，当即下了决心，派人上岸步行回阳山坂，接老太太下山，然后搭公共汽车到兰溪与全家相聚。

船到兰溪，丰子恺的夫人首先跑到汽车站等候母亲。原以为乱世之中，人的心愿不容易圆满，谁知道仅等候半个小时，老太太搭乘的汽车就平安驶达。一家人喜极而泣，孩子们欢呼道："外婆失而复得！"

此后，丰子恺这支队伍老幼十余人，千辛万苦经常山、上饶、南昌、萍乡，抵长沙，再也没有缺少过任何一个人。

一九三八年的春节，丰子恺一家是在逃难途中的江西萍乡乡下暇鸭塘度过的。在那里，丰子恺听到了故乡缘缘堂全部被毁的消息，愤而提笔写下了《还我缘缘堂》一文，并以女儿的口吻作了一首伤感的小诗：

儿家住近古钱塘，也有朱栏映粉墙。
三五良宵团聚乐，春秋佳日嬉游忙。

清平未识流离苦，生小偏遭破国殃。

昨夜客窗春梦好，不知身在水萍乡。

　　幸而这时长沙开明书店的陆联棠来函邀请，丰子恺便告别了萍乡暇鸭塘，率全家去长沙。三月十三日他们抵达长沙，安顿好家小之后，丰子恺即带长女、次女赶赴武汉。

　　当时的武汉是文化人的云集之地，也是抗日宣传的中心。丰子恺的许多朋友都已先期到达武汉，故丰子恺有孤雁归群之感，颓唐的情绪也振奋起来，以笔代枪，积极加入了抗日宣传的行列。三月二十七日，中华全国文艺界抗敌协会成立。五月，由该协会主办的《抗战文艺》出版，丰子恺担任了该刊的编委，并为《抗战文艺》的封面题签。

　　加入了抗日宣传洪流的丰子恺为了行动的方便，一改平日穿长袍的形象，换上了中山装，精神面貌更是为之一变。不久，江浙的好几家报纸刊出文章说："丰子恺投笔从戎，割须抗战。"割须是误传，投身抗战则是真的。丰子恺道："我虽未能真的投笔从戎，但我相信以笔代枪，凭我的五寸不烂之笔，努力从事文画宣传，可使民众加深对暴寇之痛恨，军民一心，同仇敌忾，抗战必能胜利。"

六月，武汉会战全面展开。丰子恺率女回到长沙。对于洋溢着蓬勃的抗战热情，供给了他精神营养，使他在流亡中不生悲观、不感失望的武汉，他依依难舍。所以，尽管五月间桂林教育当局就来信，聘他去担任"暑期艺术师资训练班"的教师，他一直延宕到六月二十三日才率眷十人，同亲友八人，乘专车入桂。

在这战火纷飞、禽兽逼人的情况下，桂人不忘人间和平幸福之母的艺术，专门为培养艺术师资开班培训，这体现了泱泱大国的风度和不屈的民族精神，丰子恺以能前往授课为荣。

从长沙至桂林行程千余里，公路崎岖，行车艰难，全车的人晕车呕吐，不能进食。放至车尾的行李，由于剧烈的颠簸，仿佛长了腿一次又一次地"走"到车中间，乘车人所受的震动可想而知。

车停零陵夜宿的时候，丰子恺在小客栈里巡视各个房间，发现七十一岁高龄的岳母安坐在竹凳上摇扇子，而已怀身孕的妻子打着手电忙着寻她失落在草地上的手表。这两个最叫人捏一把汗的人，都经受住了艰难旅途的考验，丰子恺才算放下心来。

次日开车继续西行，路越发崎岖，人时而被抛起半尺高。下午三时，汽车安然抵达桂林。

丰子恺一介书生，率领老幼十余人，平安走完了三千里险途，可谓创造了一个战争中的奇迹。那个孕育在母腹中的孩子，在零陵的小客栈里由全家人选定了名字：新枚。这孩子在抗战中诞生，犹如大树被斩伐后所抽的新枝条，生机将蓬勃无限。

承蒙开明书店的陆联棠经理帮忙安置，丰子恺一家租住了马皇背的三间平房，又用五十八元桂币添置了竹制家具。初到桂林，发现漓江水波比西湖更绿，流离之中能在这样山明水秀的地方得到托庇，丰子恺心满意足，觉得真是不幸中的大幸。

然而随着汉口的沦陷和广州的失守，桂林也成了敌人空袭的目标。桂林多溶洞，便成了天然的防空洞，丰子恺在躲空袭之余，居然细细审视了这些名山奇洞，从艺术家的审美角度看这些没有花草树木的"大石笋"，渐渐起了生厌之心。进而著文说："美"与"奇"其实不可混为一谈，奇是罕有少见，不一定美；美是具足美满，不一定需要奇。

他很遗憾许多平凡而美丽的景物往往被人们忽视，"美其所美，非吾所谓美也"。从这件小事，也可以看出丰子恺的那颗在任何境地下都不会泯灭的艺术家之心。

丰子恺同时具有的文人气质，也使他在许多枯燥乏味甚至残酷凶险的事物面前不失一种风趣和调侃的情致。比如他在《宜山遇炸记》中描述当时的宜山被炸，敌机以浙江大学为目标，投了无数炸弹。学生多有防空知识，一有空袭便尽卧校外的石沟中，一无死伤。倒是有个患精神病的学生，疯头疯脑不肯逃警报，在教室里被炸弹狠震一通，其病霍然若失，此后居然与正常学生一样，恢复上课，一时传为浙大的美谈。

一九三九年，丰子恺亲眼见到车站遭轰炸，死伤无数，还吓坏了不少人。他称自己也是吓坏者之一，听到邻家老妇喊她的幼子"金保"，都以为是喊"警报"，想立起身来逃命！

这一年，丰子恺得到马一浮捎来的消息，说浙江大学校长竺可桢欲聘丰子恺为该校的艺术指导和教师。丰子恺十分高兴，因为马一浮已随该校由江西迁至宜山，他如前去，便可与马一浮再度重逢，得负暄之乐，遂婉辞了桂林师范的教职，率全家欣然转赴宜山。

到达宜山时，正逢紧急警报，汽车不得入城，他们只好在荒路边一棵大树下停车，大家坐在泉石间以一篮粽子充饥。当时正是清明时节，老幼十余人在风和日丽中野餐，一时忘记了在逃警报，仿佛是在出门游春，觉得这个下午真是幸福！

在宜山，丰子恺与已赴川办复性书院的马一浮失之交臂。他们住在开明书店的楼上，丰子恺闲来喜欢于楼窗上眺望路边的地摊。一天正是赶集的日子，一纱布摊忽然有事收摊，邻摊不问情由，立即模仿。结果一传二，二传三，满街的摊子都收拾起来，说是"警报来了"！大家仓皇逃市。事后明白是庸人自扰，也成为笑谈。

丰子恺还书生气地抱怨"空袭"这种杀人方法太无人道。他认为"盗亦有道"，则"杀亦有道"，大家都在平地上交手，杀与被杀还有道理可说。如今飞机从上面杀下来，占尽优势，下面逃的人自是吃亏，这种人道上的不平和感情上的委屈非人能忍。他一定要想个办法让空中杀人者对他无可奈何，使他不再受这种委屈。

他果然想出了办法：吃过早饭，不等空袭就携带着书与点心，会同几位好友，自动进山，坐在大岩洞口读书。逍遥一天，傍晚回家，根本不知这一天有过多少警报了。

在桂林及宜山的这段时间，丰子恺还于频繁逃警报之际，撰写了《教师日记》，并把被"八一三"战火和广州轰炸两次所毁的《漫画阿Q正传》的画稿，重新完成。他对无情炮火毁掉画稿的态度是："炮火只能毁吾之稿，不能夺吾之志。只要有志，失者必可复得，亡者必可复兴。"（丰子恺《〈漫画阿Q正传〉初版序言》）这册画稿终于完成以后，丰子恺还本着对艺术、对读者、对鲁迅先生负责的精神，特意请绍兴籍的朋友勘正了一些细节，然后逐一校改，才送去付印。这本《漫画阿Q正传》在一九三九年七月由开明书店出版，后来再版了十五次，其影响之大，不言而喻。

在宜山期间，为了纪念弘一大师的六十寿辰，丰子恺还着手绘制了《护生画集》的续集共六十幅，寄给远在泉州的弘一大师，请他配写文字。弘一大师见续集绘出，十分欣慰，回信说：

朽人七十岁时，请仁者作护生画第三集，共七十幅；八十岁时，作第四集，共八十幅；九十岁时，作第五集，共九十幅；百岁时，作第六集，共百幅。护生画功德于此圆满。

丰子恺见到此信时，寇势凶恶，流亡在外的他其实生死难卜。但大师之嘱怎可不从呢？故他复信道："世寿所许，定当遵嘱。"

《续护生画集》于一九四〇年十一月由开明书店出版，由夏丏尊先生作序。序中说：

至其内容旨趣，前后更大有不同。初集取境，多有令人触目惊心不忍卒睹者。续集则一扫凄惨罪过之场面。所表现者，皆万物自得之趣与彼我之感应同情，开卷诗趣盎然。

谁能想到，这册"诗趣盎然"的画集是一个整天与"空中杀手"周旋抗争的落难艺术家画出来的呢？

终于，这种终日逃警报的日子也持续不下去了。不久，丰子恺把家中老弱者送往百余里外的思恩，并在思恩写作了《辞缘缘堂》一文。日寇在南宁登陆之后，浙大师生各自疏散，丰子恺又不得不率领全家重新迈上了跋涉之路，往贵州省的都匀进发。

这可能是丰子恺逃难以来最见坎坷的一段路程。起先是与人合雇的一辆汽车收了一百元定金却未曾照面，害得大家冒着被飞机轰炸的危险在公路上空等了一天。次日丰子恺把家人化整为零，各自设法搭便车上路。他自己则始终未搭到任何形式的交通工具，在沿途均有紧急空袭警报及兵匪的情况下，一天之内只身步行了九十里险路，全靠一鼓作气和用毛巾、毡帽包裹的双脚的努力。

以下的路程因同行皆老弱妇孺及十余件行李之累，无论如何也搭不上汽车，战事愈加逼近，在德胜困了数天，丰子恺的头发不知不觉地变白了。

最终雇了挑夫及滑竿，晓行夜宿，三天才到达河池。这三天里，他们充分体会了旧小说中所描写的关山行旅的艰辛。

到了河池，车站依然是仓皇、拥挤、混乱，依然只能是束手无策地等待着敌人来攻占河池。绝望之中，久仰丰子恺大名的旅店老板盛情邀他们一家随他到山里的家中避乱，丰子恺对他的义士之举十分感激，遂饱蘸墨汁为其书写一副对联作为报答。对联写好，红彤彤的抬到旅店门前去晾晒，不料由此而出现了一线生机。

原来此地一位姓赵的加油站站长从门前经过，见到这副对联，怀着一颗仰慕之心进来拜见丰子恺，听说了丰子恺的困境之后，当即慷慨表示他有办法。赵站长说："明天正有一辆运汽油的车子开都匀。所有空位，原是运送我的家眷，如今我让先生先走。途中只说我的眷属是了。"

这旅途中的奇遇真使丰子恺无比惊喜。当晚赵站长带司机前来作好了一切安排，丰子恺便在灯光下，作了一幅画送给赵站长，以作永久纪念。

顺利到达都匀后，丰子恺找到了先行到达的几个儿女和姐姐丰满。全家十一人在散离十六天后平安团聚，丰子恺禁不住痛饮茅台大醉。

浙大的同事在都匀听说了丰子恺的这段轶闻，幽默地称他的此次逃难是"艺术的逃难"。丰子恺闻之大笑，说："一个普通平民，要在战事紧张的区域内舒泰地运出老幼五人和十余件行李，确是难得的事，我全靠一副对联的因缘，居然得到了这权利。"（丰子恺《"艺术的逃难"》）他认为，如果当时没写那副对联，而对联又未拿出去晒，则这一切"缘"都不可能发生。

淡泊虚名的丰子恺唯独没有想到，没有他在事业上的努力和成就，他不会有"天下谁人不识君"的奇遇。因为并不是任何一个"普通平民"所写的任何一副晾在室外的对联，都能换到绝处逢生的"权利"的。

丰子恺到达都匀的时间是一九四〇年的元旦，此后不过一个月，他便又随浙江大学迁至遵义，仍任浙江大学讲师兼全校艺术指导。次年增授新文学课，升至副教授。他的课一向深受浙大师生欢迎。他在《教师日记》里，曾对授课时的盛况有过描述："下午到文庙上艺术欣赏课，教室仅容二三十人，而听者有百余人，皆溢出门外，嗷嗷待坐。"

丰子恺在遵义将所居的狮子桥塅南坛巷熊宅新屋取名为"星汉楼"。在星汉楼里，他将漫画旧作一一重绘，汇成六册《子恺漫画全集》，于一九四五年十二月由上海开明书店出版。他的《缘缘堂随笔》也在此期间由吉川幸次郎翻译为日文，在日本出版。这是他的散文首次在国外翻译出版。

一九四二年十一月，丰子恺应国立艺术专科学校校长陈之佛之聘，离别遵义前往重庆沙坪坝任教，他和他一家人的战时逃亡生涯，暂时告一段落。

一九四二年的重庆，房荒的程度前所未有。丰子恺在如此时刻移家重庆，带着很大的冒险程度，而此时他已习惯铤而走险，满不在乎地就上了路。于是，在重庆觅屋，成了丰子恺的又一段曲折经历。

　　他们先是借住在朋友的一间空屋里，不过朋友家的人晒衣服，必须穿过他们的住室。

　　后来租住了一间进深只有丈半的前楼，楼矮得站在窗前额骨就可以碰到屋檐，而且这样的屋子绝对抵抗不了重庆炎夏的暑热。

　　丰子恺又四处托人物色，终于找到了一间坟庄屋。这坟庄屋在重庆的郊外，周围荒坟累累，墓木森森。房子有两起。一起是房东自己住，另一起是三开间平屋，东屋已出租，中屋供着牌位，西屋就住了丰子恺与家人。此屋除了一小方天窗，别无窗户，犹如洞穴。丰子恺为求光明，添开一排天窗，方才将就住下来。

　　不久，丰子恺在重庆夫子池举办了个人的第一次画展，展出逃难以来所作的彩色人物风景画，并发表阐述由黑白简笔漫画转变为彩色人物风景画经过的《画展自序》，由此获得收入五万多法币，他便拿出四万元来，在正街以西租了一块地，自建了一座"抗建式平屋"。

这座"抗建式平屋"共三间，以竹为壁，每间前后分二室，共六间，用以安顿一家老小及用作客堂餐厅。门外的篱笆围住了二十方丈地皮，屋所占的只有六方丈，其余的形成了庭院。

这座屋非常简陋，然而丰子恺非常钟爱，为其取名为"沙坪小屋"，并在此屋建成后，便辞去了国立艺专的教授之职，恢复了战前的闲适生活，专以卖画写作为生。

丰子恺认为读书作画、饮酒闲谈是他的性格要求，所以，他在沙坪小屋也种豆种菜、养鸭养鹅。这座小屋离街一里多远，竹篱之外尽是荒郊，小屋孤零零裸立，犹如一座亭子，丰子恺觉得自己就好比是一个亭长。风雨之日，泥泞载途，不用说来客了，连狗也懒得走过了。所以丰子恺在闲适的同时，也尝尽了岑寂的滋味。

盛夏到来时，街上发生了一起命案，是儿子用毒药调换了老子的伤风药，使老子中毒而死。

丰子恺从报上读到这则新闻，无比吃惊，原来死者就是坟庄屋的房东。三天后他去访原先与他东西屋比邻而居的雕塑家刘开渠，发现大热的天，房东的尸体因为官司未了依然停在家里，发出浓烈的尸臭。

丰子恺仓皇而退。他十分同情刘开渠，在房荒严重的重庆，他无处投奔，只能与尸为邻。

由此他想到了自己的幸运：如果沙坪小屋迟一点落成，或房东的命案早一点发生，那他也必须与尸为邻。又想到前线上的兵士：战场上尸横遍野，酷日似火，尸臭对于他们不但是如影相随，而且只要自己不变成尸体，就已经是极大的幸福了。

他对战争的非人道产生了更深一层的认识。

在重庆期间，丰子恺也曾经数度出游。一九四三年二月至四月，赴泸州、自贡、五通桥，至乐山，访马一浮先生。此时弘一大师已经圆寂，他发愿为师造像一百尊，并在五通桥作了《为青年说弘一法师》一文。一九四四年二月至三月，率幼女赴长寿、涪陵、丰都旅游并举办个人画展；冬游川北，在南充、阆中举办个人画展。一九四五年六月，去隆昌参加立达学园成立二十周年纪念活动，并举办个人画展；七月去内江、成都举办个人画展；十一月，先后在重庆两路口社会服务处及励志社举办个人画展，并应陈望道之邀，赴北碚复旦大学讲演。

在沙坪小屋，每日的晚酌是丰子恺必不可少的一件乐事。当时重庆仿造的一种黄酒"渝酒"，类似丰子恺家乡的绍酒，又同样使人"醺醺而不醉"，成为丰子恺晚酌的首选。

丰子恺饮酒的伙伴常是叶圣陶、傅彬然等同道，更多的时候是自得其乐。晚酌的兴味一是看儿女长大成人；二是眼看着时局一天天地好转：从东京大轰炸、墨索里尼被杀、德国败亡、独山被收复，直到《波茨坦公告》发布、一九四五年八月十五日日本无条件投降。

丰子恺的酒量越吃越大，从每晚八两增到一斤。抗战胜利的那天，丰子恺挤到狂欢的人群里争买鞭炮，又把久藏的两瓶茅台拿出来，招待挤满了他沙坪小屋的邻居。那一天的大醉，却给他带来了彻夜的难眠。八年前的缘缘堂被毁，八年中的颠沛流离，八年来的生离死别，一一在眼前重现，不知不觉间，东方已经泛白。

重返江南

一九四六年四月二十日，临着清波的重庆非常可爱。丰子恺在这清和的日子里，毅然卖掉了心爱的沙坪小屋，迁居到城里的凯旋路来，等候返回江南去的归舟。

如从实际利益考虑，他的缘缘堂以及故乡石门湾已成焦土，在重庆，他却有可蔽风雨的自建小屋，有已成长自立的儿子，有从容闲适的卖画生活，完全没有必要挤在众人堆里，辛辛苦苦地回到人浮于事、物价昂贵的江南去另觅饭碗。

但是，"去国怀乡"自古叹为不幸，十年不得归去的故土，终于可以归去了，丰子恺无论如何也不可能再作第二种选择。

即将离别的重庆，开窗可俯瞰嘉陵江，隔岸可遥望海棠溪，水光山色，悦目赏心。警报的长鸣被"炒米糖开水""盐茶鸡蛋"的叫卖声代替，让人充满了留恋之情。然而正如马一浮的赠诗所言，"清和四月巴山路，定有行人忆六桥"。丰子恺苦忆杭州的六桥，不得不与这清和四月的巴山作别。

丰子恺终于踏上了还乡之路。因船票难买，只能走陇海路。他七月初动身，取道绵阳、广元、汉中、宝鸡、开封等地先抵达武汉，在武汉为解决盘缠举办画展，然后乘江轮至南京，于九月十五日由南京乘火车到达上海。

这一段长达两个半月的旅途也可称得上颠沛艰辛，他曾一度病卧开封而盘缠将绝。但心境不同，沿途得到不少仰慕他大名的百姓帮助，"漫卷诗书归去也"的欢悦之情始终未减。

从京沪火车上下来，第一脚踏到上海的土地，丰子恺脚踏得特别重，仿佛在与它握手。北站除了电车轨道照旧之外，其余都已不复相识。

他们一家在学生鲍慧和家休息了几天，然后搭沪杭火车，在长安站下车，乘舟回石门湾探望故里，凭吊缘缘堂。

当归舟在石门湾南皋桥堍的埠头上泊下的时候，丰子恺疑心弄错了地方，因为除了运河的湾没有变直以外，其他的一切都面目全非了！那个常常在客梦中出现的旧时石门湾，哪里去了？

他沿着运河走向往年最热闹的寺弄，这里已被草棚、废墟替代，不相识的人们用惊奇的眼光打量他们这一行人。丰子恺流落异乡十年，这些当年都还小的故人都已不认识他了。"儿童相见不相识，笑问客从何处来"这样的诗句，居然成了他现在的切身体验。

石门湾因是游击区，房屋十之八九变成焦土，住民大半流离死亡，只有一位昔日米店的老主人没有背井离乡，且侥幸在东躲西避中苟全了性命，他与丰子恺相见，两人均百感交集。

昔日丰家染坊店与缘缘堂的旧址已是一片荒草，只有一块染坊石岸上的晒布石在原来的地方默默无语。

丰子恺带着孩子们在荒草间推测书斋的位置、灶间的位置。一九三八年在桂林流亡期间，丰子恺曾收到老姑母的一封信，说缘缘堂虽毁，烟囱却屹立不倒，是"烟火不断"的象征。老姑母的祈福和慰藉曾使丰子恺十分感动。如今烟囱也早已不知去向，而丰家的确烟火不断，带出去二男四女六个孩子，回来时变成了六个成人，又添了一个八岁的抗战儿子新枚。如果老姑母和缘缘堂没有作古，他们此时该如何热烈地欢迎他们的归来！

大儿子华瞻在荒烟蔓草中掘到了一块焦木头，作为缘缘堂的遗骸藏在火柴匣里，以作永久的纪念。

次日，他们便离开了这销魂的地方，到杭州去另筑新巢。

在杭州，他们先在功德林旅馆暂住，后又下榻于西湖之滨的招贤寺。在此期间，丰子恺在上海大新公司举办了个人画展，由万叶书店出版了他的第一本彩色画册《子恺漫画选》。为了替立达学园筹募复校基金，他专程去南京举办了一次个人画展，并为故乡石门小学重建校舍举行了漫画义卖。

丰子恺那段时间除了为重振教育募捐义卖，还做了不少扶危济困的事情。

有一天，丰子恺在杭州与小说家许钦文相遇。不久去许家造访，发现许宅家徒四壁，原来抗战期间因无人管，许家被洗劫一空，连门窗都被拆走了。许钦文家底本来就不厚，又为建造亡友陶元庆（丰子恺学生）纪念堂负过重债，所以一家人只能共卧地板，连吃饭也只能席地而坐。丰子恺见此情状，立即为许家送去了一张饭桌和四张凳子。许钦文直至晚年，都保存着这些桌凳。

上海内山书店是中日文化交流的重要场所，书店主人内山完造由此结交了很多知心的中国朋友，丰子恺就是其中之一。战后的内山书店，因为抗日战争的影响而处境十分困难，丰子恺特地去上海拜访了内山完造，并请他代购一套二十卷的《漱石全集》。内山完造的书店正好有此书，只是缺少三卷，只有十七卷。丰子恺听到这种情况，毫不犹豫地说："就这样行啦。缺少的卷数，将来能够补齐的时候再寄给我吧。"于是内山完造把书包扎好，收了丰子恺十七万元法币的书款。

丰子恺一听，说："太便宜啦，谢谢！"临别再三劝内山完造留在上海，不要回日本。"这里有很多朋友，生活上不用担心，安心住下吧。"不久丰子恺收到内山完造补寄的一卷书，开价一万法币，他却用挂号信寄去了一张十万法币的汇票。附言中他写道："内山先生：《漱石全集》缺卷一册收到。这部全集实在过于便宜，因此奉上十万元，尚希收下。"

内山完造知道丰子恺是借付书款的机会在生活上帮

助他，禁不住流下了眼泪。他在后来所著的《花甲录》一书中写道："像丰子恺先生这样体贴人心，在日本人中是很难得看到的，在中国人中也是少见的，因此内心非常感激。"

一九四七年三月，丰子恺租到了杭州静江路八十五号的平屋，举家迁入，迎来了一段平和的时日。在这里，他先后出版了《又生画集》（一九四七年四月，开明书店）、《劫余漫画》（一九四七年五月，万叶书店）、《幼幼画集》（一九四七年七月，儿童书局）、《丰子恺画存》（一九四八年三月，民国日报社）、《丰子恺杰作选》（一九四七年四月，新象书店）、《音乐十课》（一九四七年八月，万叶书店），以及《猫叫一声》（一九四七年九月，万叶书店）、《小钞票历险记》（一九四七年十月，万叶书店）、《博士见鬼》（一九四八年二月，儿童书局）等记叙逃难生活的散文及儿童故事。

一九四八年三月，老友郑振铎来访，丰子恺写下了《湖畔夜饮》一文，记叙他和郑振铎劫后重逢的情景。

那一天，丰子恺与四位来西湖游春的朋友在自己的湖畔平屋饮酒。酒阑人散，皓月当空，湖水如镜，花影满堤，丰子恺送客以后在湖畔散步，想到高堂俱亡，虽有美酒却无处可献，心中十分感伤。回到家里，却得知郑振铎从上海来访，知他在湖畔看月，便找他去了。丰子恺久等不至，次日去旅馆拜访却又未遇。然而到了晚上八点钟，丰子恺在照例的晚酌中酣酊之时，郑振铎来了。阔别十年，丰子恺只问郑振铎吃了夜饭没有，郑振铎说刚吃过，也饮了一斤酒。丰子恺说："我们再吃酒！"郑振铎说："好，不要什么菜蔬。"

窗外的微雨中，月色朦胧，两位豪饮的老友举杯对酌。墙上贴着丰子恺录数学家苏步青的一首诗："草草杯盘共一欢，莫因柴米话辛酸。春风已绿门前草，且耐余寒放眼看。"他们以此诗助兴，觉得酒味特别好。

作为助兴酒肴的还有一道美味，就是话旧。二十多年前，丰子恺在上海江湾的立达学园任教，郑振铎在宝山路商务印书馆当编辑。有一天，丰子恺在上海一家有名的茶馆日升楼前遇到郑振铎，郑振铎拉住丰子恺的手说："子恺，我们吃西菜去。"丰子恺说："好的。"两人就走到晋隆西菜馆楼上，点了两客公司菜，外加一瓶白兰地。吃完以后，郑振铎问丰子恺："你身上有钱吗？"丰子恺说："有！"摸出一张五元钞票来付了账。过了一天，郑振铎到江湾来看丰子恺，摸出一张十元钞票，说："前天要你付账，今天我还你。"丰子恺自然不收，最后是召集了夏丏尊、匡互生、方光焘、刘薰宇等人，浩浩荡荡开到新江湾小店去吃酒，吃完十元钞票，全体皆已烂醉。

此情此景，憬然在目，而匡互生早已作古，夏丏尊也在一九四六年四月二十三日辞世；刘薰宇远在贵阳，方光焘不知在何处。十年生死两茫茫，如今丰子恺能和郑振铎相对痛饮，实在是人间难得之事，两人直至夜阑大醉才散。

丰子恺与郑振铎之间的饮酒故事，充满了文人味，故这篇湖畔饮酒的文章深得读者喜爱，成为丰子恺随笔中的名篇。

丰子恺与数学家苏步青的诗画之谊，也是此段时期的一段佳话。

丰子恺与苏步青的初识是在一九四〇年的贵州，当时丰子恺的女儿林先在遵义结婚，久仰丰子恺的苏步青恰好是男方的代理主婚人，此后，双方交情日深。一九四七年苏步青知道丰子恺卜居里西湖，便写了一首诗向丰子恺"乞画"：

淡抹浓妆水与山，西湖画舫几时闲？

何当乞得高人笔，晴雨清斋坐卧看。

这首诗尚未寄出，苏步青便收到了丰子恺主动寄赠的一幅画。这是一幅以遵义生活为背景的《桐油灯下读书图》。此画勾起了苏步青对遵义生活的联想，即写了一首答谢诗，连同乞画诗一并寄给了丰子恺。答谢诗写道：

半窗灯火忆黔山，欲语平生未得闲。

一幅先传无限意，梦中争似画中看。

丰子恺收到这两首诗后，又根据乞画诗中的诗句，画了一幅《西湖游舸图》送给苏步青。苏步青一时兴酣，又为该画作了一首题画诗：

一舸笙歌认夜游，岚光塔影笔中收。

如何湖上月方好，柳下归来欲系舟。

丰子恺对苏步青的诗及为人评价都很高，他说：

"数学家的诗句，滋味尤为纯正。""人做得好的，诗也做得好。"与郑振铎重逢的那晚，他们以苏步青的诗助酒兴，竟觉得当时桌上的酱鸭、酱肉、皮蛋和花生米都味同嚼蜡，唾弃而不足惜了。

丰子恺这段时间最感欣慰的是与马一浮先生共住里西湖。马一浮一九四六年从重庆返回杭州后，借住在里西湖的葛荫山庄，离丰子恺的家很近。丰子恺多年以来每一处较为长住的寓所，几乎都有马一浮先生的题字或题联，除了缘缘堂，重庆的沙坪小屋也有他题赠的对联："藏胸丘壑知无尽，过眼烟云且等闲。"这一次丰子恺在西湖畔的平屋，他也题赠了一副篆字对联，上联为"天清"，下联为"地宁"。

马一浮先生虽然作过赞誉丰子恺画的长诗，但对漫画依然有着自己的见解，他认为："漫画重现实，艺术则以美为归宿。现实不必尽美，故漫画不足以言艺术。现实有美，亦有丑恶，艺术家须是独具只眼，加以别择，美者存之，丑者去之，乃能成其为名世之业，不朽之作。漫画则重在题记，意托讽刺，可以谋生而不可以传世者也。"（马一浮《语录类编·文艺篇》）丰子恺非常敬重马一浮先生，但是他对自己的漫画创作有着独特

154

的追求，而且他的许多漫画作品已经成了传世之作。

当时正好有一个有趣的故事，是关于丰子恺与偷画人的。丰子恺刚在杭州住下半年多，就应邀参加了两次画展。第一次是浙江美术会举办的，主办人派人前来向丰子恺借画，丰子恺交给来人两幅画，叮嘱他说："这两幅画是我自藏的，请你好好保管，用毕交还。"可是画展闭幕后，画被偷了一幅。丰子恺很大度，对借画人说道："已经失了，也就算了，你不必追究。况且偷画与偷书偷花同类。非寻常扒手或贪污等可比，我就送了他吧。"

第二次画展是民众教育馆组织的。丰子恺有了第一次失画的教训，本不肯再借，但经不住来人再三保证和请求，还是借了，结果又丢了一幅。前来道歉的人带来了民众教育馆馆长的信，信中说："因为先生名太大了，所以别人的都没有偷，单是偷先生的。"丰子恺禁不住笑起来，也就再一次表示了原谅。

丰子恺的朋友们得知此事，都说两次窃画的人一定是丰子恺的崇拜者，说不定还是同一个人所为。丰子恺听了以后，也就认定了此人是一位"知己"，便写了一篇文章，表示愿意替他为所窃的画题上一款"某某仁兄大人雅正",以酬劳他的辛苦和冒险。他还生怕窃画人不相信他的真诚,特地声明道:"这不是谎话,我以人格担保。如果这人拿了画来访,我立刻题款奉赠,决不扭送警察,也决不对外界任何人宣布'偷画的原来是某人'。"他还格外周到地告诉对方:"你持画来访时,倘座上有外客,使你不便的话,你只说'这画请加题上款某某',不必说别的话,我就心照不宣了。"(丰子恺《告窃画人》)

因为这篇文章,丰子恺的仁慈和天真几乎为世人所尽知了!

这段时期,对于丰子恺而言,还有一件具有重大意义的事,就是造访了梅兰芳。

丰子恺平生从不主动访问素不相识的名人,梅兰芳则是一个例外。抗战全面爆发前,丰子恺对京剧的爱好只限于听留声机,所以只收集唱片而不上戏馆。那时候,他收藏的百余张唱片之中,多数是梅兰芳的。可惜一九三七年的冬天,这些唱片与缘缘堂同时毁于炮火。

流亡到四川以后,有一次他旅居涪陵,闲来无事,就带了幼女一吟,每晚到近在咫尺的一座平剧院去看戏。结果,不但丰子恺从此成了京剧艺术的爱好者,他的女儿们也都成了京剧迷。其中一吟迷得最深，在学校的联欢会上常上台扮演青衣，俨然成了一名票友。

他们一家重返江南的时候，路过上海，适逢梅兰芳在天蟾舞台演出，丰子恺便买了三万元一张的戏票，带了家人去看。梅兰芳在《龙凤呈祥》中扮演的孙夫人出场时，丰子恺疑在梦中，心情十分激动。除了对梅兰芳一般意义上的仰慕之外，还因为抗战中梅兰芳在上海沦陷区蓄须明志，坚决不为日本人演戏，丰子恺因此更添了一份对他人格的赞佩。那时候抗战胜利还很渺茫，丰子恺对着梅兰芳蓄须的照片想："无常迅速，人寿几何，不知梅郎有否重上氍毹之日，我生有否重来听赏之福！"不料，这"听赏之福"真的变成了现实。

后来梅兰芳到中国大戏院去续演，丰子恺跟去看，一连看了五夜。

丰子恺终于忍不住要前去拜访梅兰芳了！

那是一个阳春的下午，丰子恺在摄影家郎静山等人的陪同下，来到了一间闹中取静的洋楼上，于是，大名鼎鼎的丰子恺与大名鼎鼎的梅兰芳就对坐在两只沙发上了。丰子恺略略带着点儿童的好奇心理打量着梅兰芳，一时间，不能相信这就是舞台上的虞姬和萧桂英了！然而从美术家的眼光细看，觉得梅兰芳的骨架的确生得很好，"是具有东洋标准人体的资格的"。梅兰芳很高兴见到丰子恺，他一说话，那宏亮而带点黏润的嗓音，便让丰子恺想起了"云敛晴空，冰轮乍涌"和"孩儿舍不得爹爹"的音调了。

梅兰芳谈话的兴致很高，于是丰子恺进一步了解了他在沦陷期的危险遭遇。后来梅兰芳从香港脱险，全靠敌兵中一个幼时曾随母亲在东京看过梅兰芳演戏的军官的帮助，这似乎也是艺术的魅力创造的奇迹。

丰子恺没有想到梅兰芳的生活并不富裕，他不但要负担自己的家人，还要资助许多梨园子弟。眼下他的房东就正在对他下逐客令，如果不交几根金条，房子就不可以续租。梅兰芳对丰子恺慨然地说："我唱戏挣来的钱，哪里有几根金条呢！"

丰子恺既惊讶又感动。除了梅兰芳所说的这些细事，他感触最深的更是一种人生无常之恸。当时的梅兰芳已经五十三岁，无论如何仔细保养，上帝创造的这件精妙无比的杰作十余年后必然坍损失效。政治家可以奠定万世之基，使自己虽死犹生；文艺家可以把作品传之后世，使人生短而艺术长。因为他们的法宝不全在肉体之上。而梅兰芳这样的特殊杰作，其法宝全在六尺之躯，人的躯壳又是何等脆弱何等不耐用！

同为艺术家，命运对梅兰芳就要严酷得多，无情得多！

怀着这样的心情，他在庭院里与梅兰芳留了合影，第二天，这张照片就在《申报·自由谈》上登了出来。

一九四八年的清明过后，丰子恺带长女陈宝、四女一吟这两个最爱京剧的女儿到上海去看梅兰芳的戏。本来他是不准备在梅兰芳演出期间添他的应酬之劳的，可是看了一本《洛神》之后，丰子恺禁不住两个女儿的请求，到底在次日又去拜访梅兰芳了。

这次的拜访，正好与第一次的拜访相距了整整一年。握手寒暄之后，丰子恺发现梅兰芳似乎比去年更年轻了，这对于他上一次的感慨而言，似乎是个很好的宽慰。

这次再访梅兰芳，丰子恺是带着一颗艺术之心去的，所以他们谈话的主题始终未离艺术。梅兰芳举《打渔杀家》的例子，说明京剧如何利用人的身子上下起伏表示波浪。这种象征表现的手法，令丰子恺联想到漫画的省略笔法，双方颇有相似之处。京剧表演中的开门、骑马、摇船，都没有实际上的真门、真马、真船，全由观众去想象。想象出来的门、马和船，比实际的美丽得多。这好比丰子恺的人物漫画，脸孔上往往只画一只嘴巴，而不画眉目，相貌全让看者自己想象出来，这比画全了五官，相貌让人一览无余要生动得多。

因梅兰芳晚上还要演出《贩马记》，他们父女轮流与梅兰芳在庭院里合影以后，也就只好依依不舍地告辞了。这次的合影，也有一张在《申报》上刊登了出来。

丰子恺这次访梅兰芳，还送了一把自己作画书写的扇子。画的是苏曼殊的诗句"满山红叶女郎樵"，写的是弘一大师在俗时赠歌郎金娃娃的《金缕曲》。此书此画，都是丰子恺在一个精神饱满的清晨用心写成的。丰子恺所以这样虔诚，是"因为这个人对于这样广大普遍的艺术负有这样丰富的天才，又在抗战时代表示这样高尚的人格——我对他真心地敬爱，不得不'拜倒石榴裙下'。"（丰子恺《再访梅兰芳》）

访过梅兰芳的第二天，梅兰芳也到他暂住的上海振华旅馆来回访。本来没有认出丰子恺的茶房、账房们这才惊悟过来，纷纷去买来纪念册，请求丰子恺为之题言留字。

因为对梅兰芳的敬重，丰子恺在他的散文随笔中写过许多关于梅兰芳的文章，比如《谈梅兰芳》《访梅兰芳》《再访梅兰芳》《怀梅兰芳先生》《威武不能屈》等，除了写恩师弘一大师之外，这在他是仅有的。

　　一九四八年的九月，开明书店的老板章锡琛邀请丰子恺同赴台湾游览。这时候，闲居在杭州的丰子恺除了写文作画之外，既不教课，也不演讲，更不参加宴会，被人称作"三不先生"，但他一向都是爱好旅游的，所以一得到章老板的邀请，便欣然应允，并于九月二十七日携幼女与章锡琛一家，由上海启程赴台。

　　抵达台北后，他们一行下榻于中山北路开明书店隔壁的一个文化招待所，并于十月初在中山堂举办了丰子恺画展。在画展上，丰子恺见到了女作家谢冰莹。这位谢冰莹与丰子恺可谓相当有缘，以前几次丰子恺办画展，无论是在成都、汉口还是上海，谢冰莹都在场，而这次虽然远隔海峡，丰子恺也还是遇到了谢冰莹，双方均不亦乐乎。

　　谢冰莹得知丰子恺在台湾只停留一个时期，画展结束以后，将应约为电台作一次题为《中国艺术》的广播演讲，然后到台中、台南看看，找点写画的材料，就返回大陆去。谢冰莹问丰子恺为什么不作在台湾定居的打算，丰子恺说："台湾好极了，真是美丽的宝岛，四季如春。人情味浓厚；只是缺少了一个条件，这是我不能长住的原因。"

谢冰莹问："什么原因？"

丰子恺说："没有老酒。"周围的人哄堂大笑。

丰子恺的确颇为台湾没有对胃口的好酒而苦恼，他的学生胡治均从他的信中知道后，在上海买了两坛绍兴酒，托人随船捎到台北的开明书店。丰子恺收到这份意外的礼物，大喜不已，特地举办了一次"绍酒宴"，款待台湾的朋友之际，丰子恺自己开怀痛饮，一醉方休。

十月十三日晚八时，丰子恺在台北广播电台作了十五分钟的广播演讲。当时，台湾光复刚刚三年，日本文化的渗透无处不在，除了许多建筑是日式的，在商店里与店员交流，居然用日语比用方言还要方便。丰子恺针对这些情景，在演讲中用最浅显生动的语言宣传了中国艺术，告诉台湾同胞，日本的一切文化皆源自中国，其艺术亦只是中国艺术的一小支流。台湾天时地利都优胜，是理想的文艺领域，只要台湾的艺术同志能认明中国艺术的伟大，努力研究，就一定能使中国艺术在台湾

162

岛上发扬光大。

为了进一步了解体会台湾的风土民情,丰子恺与章锡琛一家来到了台中、嘉义,游览了阿里山和日月潭。

他果然找到了很多"写画的材料",并有了感慨阿里山云海的《莫言千顷白云好,下有人间万斛愁》,有了介绍阿里山风土民情的《拥被吃西瓜》《杵影歌声》和描绘当地式样奇特的人力车《高车》等台湾小景的一系列画作。这些漫画寄回杭州去,由丰子恺的朋友舒国华先生收藏,后来收入了由他编印的《丰子恺漫画集》里,为后人保存了这些难得的宝岛画作。

丰子恺还应邀为正在筹办的《台湾人报》题写了报名。十月二十三日,丰子恺结束了台湾之旅,携幼女渡海到达厦门,在南普陀寺,他在广洽法师的引导下参谒了弘一大师的居处及其手植柳树,并作了一幅《今日我来师已去,摩挲杨柳立多时》的画赠予广洽法师。

丰子恺与广洽法师结缘是一九三一年的事。那时广洽法师读了丰子恺的《缘缘堂随笔》,便通过弘一大师与丰子恺通信。广洽法师一直跟随亲近弘一大师,抗战全面爆发后才去了新加坡。此次他来厦门参加传戒大会,正好与丰子恺相遇。他们通信十八年,最终在他们共同追随的弘一大师住过的南普陀寺相见，可谓非同一般的缘分。

十一月二十八日，丰子恺在厦门佛学会作了题为《我与弘一法师》的演讲。次年一月，他赴泉州谒弘一大师圆寂之地，在那里，他看到了当年他寄给弘一大师的信，信上对弘一大师希望他作护生画共六集的心愿作了回答："世寿所许，定当遵嘱。"于是，他发愿立即绘作《护生画三集》七十幅。

此时，他的家属们也已先后抵达厦门，他便在古城西路四十三号租屋安置下来，闭门谢客，静心绘护生画三个月。

完成《护生画三集》后，根据章锡琛的提议，丰子恺请求住在香港的叶恭绰为画集题字，得到允诺后，便于一九四九年四月初亲自携画赴港。两个星期后他完成了七十页的护生诗文，一九五○年二月《护生画三集》由上海大法轮书局出版。

《护生画三集》中的画绝大部分是赞颂动物对人类的益处的，也有些是欣赏和羡慕动物之间的祥和及趣味的。丰子恺的前两集护生画均由弘一大师负责诗文，这第三集除了选自古人作品的，便都由丰子恺自己作文了。

这本《护生画三集》分别由叶恭绰、章锡琛先生作跋和序。

丰子恺此次香港之行的另一个目的是举办个人画展。他于四月五日抵达香港，于四月十五、十六两日在花园道圣约翰教堂举办画展，因参观者众多，又于四月十九、二十两日在中环思豪大酒店续展。当时参展的画计有立轴四十帧、大册页三十九帧、扇面五十件。其规模是相当可观的。

为了答谢爱他画的人，丰子恺当场为订画人题款。他把这些人一律视为他的艺术的共鸣者和知音，内心充满了尊重之情。

丰子恺在香港一共逗留了十九天。四月二十三日，他乘飞机返回了上海。

日月楼

丰子恺一九四九年四月初赴香港之前，已传来解放大军即将南渡的消息，他立刻决定把刚刚定居在厦门古城西路四十三号的家再度迁回江南去。他在香港连续举办两次个人画展，便是为家庭的又一次迁徙筹生活费。

四月底，他们全家回到上海，暂时寄居在闸北西宝兴路汉兴里的学生张逸心家，后在同一里弄顶租一屋，住下来迎接解放。

七月四日，丰子恺应万叶书店主人钱君匋之邀，迁至南昌路四十三弄七十六号万叶书店楼上暂住。在这里，他作了《绘画鲁迅小说》一书，于次年四月由万叶书店出版。

一九五〇年一月二十三日，丰子恺迁至福州路六百三十一弄七号开明书店章锡琛先生的旧宅。在这里，年逾五十的丰子恺抱着对新生活的满腔热情开始学习俄文，决心以主要的精力从事苏联文化或俄罗斯文学的翻译工作，以对中苏文化的交流作一份贡献。

新中国日新月异的万千气象激励着丰子恺，他的俄文学习进展神速。对于学外语，以前他攻读日文、英文的时候，就有过自己独创的学习方法，他在《我的苦学经验》里写道："语言文字，不过是求学问的一种工具，不是学问的本身。学些工具都要拖长许久的时日，此生还来得及研究几许学问呢？"所以他学外语一向追求速成。他创造了一种"二十二遍读书法"，即：每天读一课新书，规定读十遍，并用笔画记在书上；第二天，读新课文时，先复习旧课文五遍，画上五遍的记号，再读新课文十遍；第三天，读第三课时，先复习第一课课文五遍，第二课课文五遍，再读第三课课文十遍；第四天，先复习第一课课文两遍，第二课、第三课课文各五遍，再读新课文十遍……以此类推，每课都读了二十二遍，笔画加起来正好是一个繁体字的"读"。丰子恺就用这二十二遍学习法迅速地掌握了日文、英文，并翻译了许多日、英文书籍。如今他学俄文，教材选择的是一本小小的《俄语一月通》。书中共三十课，按教材要求是一天学一课，而丰子恺一天不止学一课，很快就学完了。他的学习效率之高，令同道们十分惊奇，人们都认为他在学外语方面有很高的天赋，实际上，他学习的艰苦程度，也是一般人难以承受的。

丰子恺在致夏宗禹先生的几封信中讲到了他学俄文的情况："除开会外，专门读俄文。近日正在读托尔斯泰《战争与和平》。我还不敢翻译，明年大约可以译点书，以助中苏文化交流了。"（一九五二年一月十一日）"病中看了不少俄文书，马林科夫报告、斯大林经济论等，我都是从俄文直接读的。"（一九五三年一月四日）丰子恺患上脑贫血，"医生说我学俄文用脑过度之故。但我不能放弃俄文，疗养期中每天早上也必温习若干时，怕忘记了。幸而没有忘记。"（一九五三年九月十七日）

丰子恺以非凡的毅力苦读俄文，他的收获也是令人瞩目的。一九五二年年底，丰子恺即译成了屠格涅夫的《猎人笔记》，全书三十一万字，耗时五个月零五天，于一九五三年四月由上海文化生活出版社出版，后又被列入"外国古典文学名著丛书"，一九五五年十一月由人民文学出版社再版。

从一九五二年到一九五六年，短短的四年时间，他从俄文翻译过来的音乐美术参考书多达十余册，如《中小学图画教学法》《音乐的基本知识》《学校图画教学》《幼儿园音乐教学法》《小学音乐教学法》等。他那颗急于要为新中国作贡献的赤子之心，表现出空前的活跃与炽热。

一九五三年四月，他被聘为上海文史研究馆馆务委员。

一九五四年九月一日，丰家迁居到上海陕西南路长乐村的一幢西班牙式寓所里。丰子恺在这里长住下去，直至终老。

这幢西班牙式建筑十分有特点，其中最独特的是二楼的那个室内阳台，阳台的中部有一个梯形的突口，东南、正南、西南都有玻璃窗，上方还有天窗。丰子恺十分喜爱这间明畅的室内阳台，选定它为自己的书房。因为每日坐在室内，可以由天窗看到日月的运转，他便将这间书房命名为"日月楼"。

丰子恺随口诵出了一句日月楼的下联"日月楼中日月长"，马一浮先生便拟了一句上联，书写后赠予丰子恺。

这就是悬挂于日月楼中，陪伴了丰子恺晚年一切活动的名联：

星河界里星河转

日月楼中日月长

日月楼的壁上，还挂着马一浮自书的一首诗：

三月心斋学坐忘，不知行路长春芳。

绿荫几日深如许，尚有幽花冉冉香。

其中甘美的诗味，与丰子恺当时的心境十分相符。一九四九年后生活安定，著译成果丰硕，他的生活过得相当愉快。当时唯一的心愿，是为弘一大师建一座纪念塔，因弘一大师生前曾嘱咐不得为身后事募化，他便下决心自己出资，独力建塔。这件事传开后，钱君匋、章锡琛、叶圣陶、黄鸣祥、蔡吉堂等纷纷出资支持，这座合力为弘一大师筑造的舍利塔，终于在一九五三年九月于杭州虎跑后山动工。

一九五四年一月十日，弘一大师纪念塔落成，塔身

"弘一大师之塔"六个篆字由马一浮题写，丰子恺、马一浮、钱君匋等数十人冒雨参加了落成典礼。塔下的桂花厅里，有丰子恺请上海画家画的弘一大师遗像，有两幅几位画家合作的巨幅山水风光图，还有丰子恺自己书写的一副对联。丰子恺完成了自己的夙愿，心情更加愉快。一九五五年六月六日，他在给广洽法师的信中这样表达自己的感慨：

> 祖国气象全新，与昔年大异，我等在新中国生活均甚幸福，真可谓安居乐业。仆前年曾发起为弘一法师在杭州虎跑寺建造石塔，已于去春落成，虎跑寺近亦由政府大加修葺，焕然一新。杭州最大寺院，如灵隐寺，亦已由政府重加修葺，上海静安寺等亦已全新……

新中国成立后的那些年，丰子恺除了一心想干更多的工作外，就是利用良好的交通条件旅游写生，饱览祖国的大好河山。一九五五年的七月，丰子恺偕眷游莫干山；一九五六年的七月至八月，丰子恺偕眷游庐山；一九五八年，丰子恺偕幼子、幼女游镇江、扬州；一九六一年四月，偕妻及幼女游黄山；一九六二年五月至六月，偕妻及幼女游金华；一九六三年三月，偕妻及幼子、幼女再游镇江、扬州；一九六五年十一月，广洽法师由新加坡归国观光，丰子恺陪同游览苏州、杭州；一九六六年三月，偕妻及长孙女游绍兴、嘉兴、南浔、湖州、菱湖。

这些旅游给予他的感慨，并非只在山水之间。比如一九五六年，译完柯罗连科《我的同时代人的故事》第一卷三十万字之后，丰子恺偕全家人去庐山，他们乘坐的江轮就是新中国成立前夕被敌机炸沉，后捞起重修复航的。在豪华的江轮休息室里看到刚捞起时破碎不全的船壳照片，比照新修竣后崭新的江轮，丰子恺内心里升起一种骄傲之情——他替不屈不挠的劳动人民感到由衷的骄傲！

丰子恺还写过一篇题为《扬州梦》的文章，用以表现他在游览扬州的过程中，思想感情上的巨大变化。一九五八年暮春，丰子恺带着一子一女初抵扬州时，发现扬州已是一个清净整洁的现代精小都市，全无古诗词中读到的古风旧韵。他本是抱着怀古之情而来的，一时间不免怅然若失。

于是，在旅馆的梦中，一个自称"扬州"的端庄而壮健的妇女前来拜访他了。妇人说："你憧憬于唐朝时代、清朝时代的我，神往于'烟花三月''十里春风'的'繁华'景象，企慕'扬州八怪'的'风流韵事'，认为这些是我过去的光荣幸福，你完全误解了！我老实告诉你：在一九四九年以前，一千多年的长时期间，我不断地被人虐待，受尽折磨，备尝苦楚，经常是身患痼疾，体无完肤，畸形发育，半身不遂；古人所赞美我的，都是虚伪的幸福、耻辱的光荣、忍痛的欢笑、病态的繁荣……过去千余年间，我吃尽苦头。他们压迫我，毒害我，用残酷的手段把我周身的血液集中在我的脸面上，又给我涂上脂粉，加上装饰，使得我面子上绚焕灿烂，富丽堂皇，而内部和别的部分百病丛生，残废瘫痪，贫血折骨，臃肿腐烂。你该知道：士大夫们在二十四桥明月下听玉人吹箫，在月明桥上看神仙，干风流韵事，其代价是我全身的多少血汗！"

妇人告诉他，幸亏一九四九年后人民解除了她身上的桎梏，医好了她的创伤和疾病，给她沐浴，给她营养，才使她正常发育，恢复健康。丰子恺看到了她现在天天过节似的幸福生活，没有看到她过去的不幸时代，他应该也感到幸福，感到幸运，感到不负此行的跋涉之苦。

丰子恺在猛然醒悟中醒来，记下了这个有意义的"扬州梦"。

一九四九年后人与人之间发生的变化，丰子恺也感受颇多。比如在西湖上写生，旧时的不方便时常令他苦恼，被画的人有的对他的寥寥几笔表示不满；有的则根本不让他画，认为被画伤人元气，使人倒霉；有的妇女发现被他写生不是开骂就是吐口唾沫愤而跑开，仿佛遭了他的"调戏"……而围观者更是麻烦，越聚越多，评长说短，把他当作变戏法的。凡此种种，避之不及，他只好躲在茶楼上写生，但从楼窗上望下去，景物人物都呈鸟瞰形，角度并不宜于写生。

而一九四九年后人们都知道了写生是怎么回事，被画的人便不再讨厌他了。有一次在西湖看见一个老舟子坐在船头吸烟，姿态甚佳，丰子恺便摸出笔记簿子来画他。老人衔着旱烟筒悠然地看山水，似乎没有觉察到有人在画他。然而一个小女孩跑来叫"爷爷"的时候，老舟子并不回头看她，反而哼喝她："不要叫我！他在画我！"原来他早就发觉丰子恺在画他了，在为他提供方

174

便呢!

丰子恺还发现,在旧上海时,人情冷漠,出门无相识。而现在一出门,就常常遇见认识他的人,和他相叙如故,甚至就此变成了朋友。最有趣的是有一次他出门访友,刚走到弄口,就看到一辆闲停在路边的三轮车,驾车员正坐在座上看报。见丰子恺要雇车,就把报纸折好,放在坐垫底下,扶他上车。车骑到一条僻静的横街时,驾车员就开始和他聊天,互通了姓氏和年龄以后,这位姓邱的驾车汉说:"姓丰的人很少。我只知道一个老画家丰子恺,是不是您本家?"丰子恺很诧异,问:"你怎么知道他?"他答道:"我在报上经常看到他的画。"丰子恺向他表明自己就是丰子恺,驾车汉感到非常荣幸,就说出了丰子恺的几幅画,评论画的意义及他的看法,谈吐很有见解。谈到他的身世,原来他只读过几年小学,一九四九年后学文化,已经能够读书看报。

丰子恺想到以前旧上海的黄包车夫,个个衣衫褴褛,食不糊口,哪里谈得到读书看报,乃至欣赏图画?心情激动的他在驾车汉提出想请他签个名的时候,欣然接过驾车汉专门花八角钱买来的手册,坐在车上为他作了一幅钢笔画。画中是一个儿童,手掌上停着一只和平鸽，题字是"和平幸福"，最后还加上了驾车汉的上款，签了自己的名字。

三轮车到达目的地后，驾车汉不肯收车资，丰子恺一定要付。两人你推我挡不得开交之时，一位人民警察过来干涉，听明白是怎么回事之后，他脸上的惊惶之色变成了笑容。最后，居然是身手敏捷的丰子恺把钞票丢在车子里抢先离去，在他的背后，传来了驾车汉的不平声和警察的笑声。

丰子恺还因为理发师认出了他是报纸上常看到的"画家丰子恺"，而和理发师成了相识。

他到邮局去寄挂号信，邮局职员见了信封上发信人的名字，一传二，二传三，结果柜台里面所有的职员都成了他的朋友，他每去邮局，就仿佛去访友。

他在咖啡馆吃冰淇淋，穿白制服的服务员认出了他，以后他每到这家店里吃东西，就仿佛是在自己的家里吃一样感觉温暖。

还有一次，他带了一个孩子到附近的食品商店买糖果，一个店员也因报纸上的照片认出了他。另一位店员不认识丰子恺，那个店员便责怪他："你不看报吗？"那天丰子恺买的糖果超出了原来的计划，钱包里带的钞票不够付了。那店员就说："不妨不妨，下次补付吧。"另一位店员则说："我们替你送去，向家中取款吧。"等丰子恺带着孩子散完步回到家时，糖果果然已经送到家里了。

丰子恺越来越感到住在上海这座七百万人口的大都市里，犹如住在家乡的石门湾小镇上一样亲切。新中国成立前常有的"茫茫人海，藐藐孤舟"之感再也不会有了。

其实一九四九年前丰子恺的画文和照片也常在报刊上登出来，认识他的人却并不多，因为那时候车夫、店员等人大都不看报、不读杂志。而一九四九年以后，扫除文盲，提倡文化，一般人的知识和修养都大大提高，认识他的人所以才如此多起来。

丰子恺所受到的敬仰和尊重，还体现在新中国成立后他的一大串头衔上。从一九四九年至一九五九年末，他所担任的社会职务有上海文史研究馆馆务委员、中国美术家协会常务理事、上海美术家协会副主席、上海市政协委员、上海外文学会理事、全国政协委员、《辞海》艺术分册主编等。一九六〇年六月，他就任上海中国画院首任院长，七月，任中国对外文化协会上海分会副会长。一九六二年当选为中国学术家协会上海分会主席、上海市文联副主席。此外，他还是西泠印社社员、上海中国书法篆刻研究会委员。

在丰子恺的经历中，数次赴京参加的全国政协会议最令他难忘。一九五九年四月，他赴京出席全国政协第三届第一次会议，当时的香港《大公报》向他约稿，他满腹感慨地写道：

> 我在会场上心情异常兴奋，我的一双手由于不断地热烈鼓掌而发红了……这真是一个盛会！感激和兴奋填塞了我的心胸。我想用散文来叙述，然而意义太丰富，使我觉得无从说起；我想用图画描写，然而形象太多彩，使我觉得无从下笔。

会议期间，丰子恺受到周恩来总理的接见。周总理对他说："啊！老漫画家，久仰久仰！"他内心的激动更是无以复加。

在这样的会上，他不但结识了许多新朋，也见到了许多老友。他与俞平伯神交多年，始终无缘相见，现在也终于在北京有了见面的机会。

在丰子恺的诸多头衔中，真正称得上实职的是上海中国画院院长之职。一九六〇年六月组织上请他就任的时候，他是持推辞态度的。他认为此职应该由刘海粟先生担任，他自称只是"半个画家"，没有资格当院长。

刘海粟是十分了解丰子恺的，他鼓励丰子恺说："你是老艺术家，老早就写过《西洋美术史》，对古画也懂，不但能当，而且一定要当好！"

刘海粟曾评价丰子恺说："他是我国近代漫画开风气之先的人物。效法他的人极多，却没有一个人能和他相提并论。"他不但推崇丰子恺的漫画，对他的学养和文学成就也同样有很高的评价："子恺先生面容慈祥，银髯拂胸，有着教育家的仪表、学者的风度，对他的品德文章和各方面的成就，我一向是很尊敬的。《缘缘堂随笔》是一部风格突出的散文集，写得流畅冲淡，其味醇美，经得起反复咀嚼，真是了不起，在'五四'以来的作家林中，没有几个能和他并驾齐驱的。""我与子恺的画风相去甚远，但从不为此妨害友情。我爱他的字画，更爱他的为人。"（刘海粟《怀念丰子恺先生》）

丰子恺就任上海中国画院院长的消息见报后，还引来了一段奇缘：二十世纪五十年代，上海酿造厂的业余诗人朱南田偶然在广东路古玩店发现了丰子恺失落于战乱的《续护生画集》原稿，古玩店索价一百二十元人民币，朱南田与之争取到九十六元成交。当时他生活拮据，只能先付二十元定金，后四处筹措未果，卖去家中的三人沙发椅才勉强凑足这笔钱。

一九六〇年得知丰子恺担任上海中国画院院长以后，朱南田怀着渴慕之忱拜见了丰子恺。丰子恺听说朱南田从古玩店获得了《续护生画集》原稿，大喜过望，连称"奇缘"。原来护生画各集均有原稿保存，唯独第二集遍寻不得。因为护生画有着特殊的纪念价值，保全原稿有着非常重要的意义，他便恳请朱南田割爱，并建议"藏之佛门，比个人保管为好"。

朱南田慨然允诺，把原稿寄给了在新加坡的广洽法师保存。丰子恺为此对朱南田予以厚爱，后来赠画达三十多幅。

朱南田也被丰子恺的人品深深感动，写诗赞叹道：

吾爱丰夫子，仁风道骨清。

旷怀存浩气，微物最关情。

蔼蔼如冬日，晶晶比月明。

驽才承不弃，立雪幸三生。

　　丰子恺这些年也没有忘记纪念弘一大师和续作护生画集。一九五七年，他编撰了《李叔同歌曲集》（北京音乐出版社一九五八年一月出版），同年为广洽法师辑集并在星州出版的《弘一大师纪念册》写序。此间又连续写下了《中国话剧首创者李叔同先生》《先器识而后文艺》《李叔同先生的爱国精神》《李叔同先生的教育精神》等缅怀先师逝世十五周年的文章。一九六二年，由广洽法师捐款、丰子恺编的《弘一大师遗墨》在上海作为非卖品印行。一九六四年，丰子恺又整理了当年夏丏尊编的《李息翁临古法书》，作为《弘一大师遗墨》的续集由广洽法师在新加坡募印发行。

　　丰子恺同时续作了护生画的第四集和第五集。《护生画四集》（八十幅）于一九六一年初在新加坡出版。《护生画五集》（九十幅）本拟在弘一大师冥寿九十岁时出版，但丰子恺年事已高，唯恐届时完不成大师的心愿，故提前在一九六五年八月下旬完成，九月即由广洽法师在新加坡出版。

　　丰子恺虽然是民主人士，但对当时参加的所有政治活动充满热情和虔诚。一九六一年的秋天，他随上海政协参观团访问江西，在南昌的烈士纪念堂里受到极大的震动，他在《化作春泥更护花》一文里写下了当时的心情。"这些烈士的血化作了革命的动力，激励了全国人民的心，取得了巨大的胜利……古人的两句诗："落红不是无情物，化作春泥更护花。"这两句诗看似风雅优美，其实沉痛悲壮；看似消极的，其实是积极的。这就是"化悲愤为力量"！我把这两句诗吟了几遍，胸中的郁勃才消解了些。"

丰子恺虽然天性恬淡，但当他就一些文艺话题发表意见时，却直抒胸臆，毫不隐瞒自己的观点。一九五六年他写了一篇《谈"百家争鸣"》的文章，文中用美术上的譬喻来阐述关于"百花齐放，百家争鸣"的意见。他认为"百花齐放，百家争鸣"犹如美术上的"补色调和"，"尽管意见纷歧，尽管花样繁多，然而因为异途同归，所以相得益彰。'争鸣'，表面上看似对抗的、相反的，而实际上是互相补足的、互相调和的，就同红补足绿、蓝补足橙一样"。"在文艺上，在学术上，尽管各持一说，各成一家，然而具有共通的动机，符合共通的目标。"这篇文章于一九五六年七月十九日发表在《解放

182

日报》上，其鲜明的观点引起了很大的反响。

一九六二年五月九日，丰子恺参加了上海市第二次文代大会，这次会议气氛特别严肃和热烈，丰子恺的发言寥寥数语，却措辞铿锵，振奋人心，引来了长时间的热烈掌声。

"百花齐放"已经号召了多年，并且确已放了许多花。但过去所放的，大都是大花、名花，大多含有意义。例如梅花象征纯洁，兰花是王者之香，竹有君子之节，菊花凌霜耐寒。还有许多小花、无名花，却没有好好地放。"花不知名分外娇"，在小花、无名花中，也有很香很美丽的，也都应该放，这才是真正的"百花齐放"。再说：既然承认它是香花，是应该放的花，那么最好让它自己生长，不要"帮"它生长，不要干涉它。曾见有些盆景，人们把花枝弯转来，用绳扎住，使它生长得奇形怪状，半身不遂。这种矫揉造作，难看极了。种冬青做篱笆，本来是很好的。株株冬青，或高或矮，原是它们的自然姿态，很好看的。但有人用一把大剪刀，把冬青剪齐，仿佛砍头，弄得株株冬青一样高低，千篇一律，有什么好看呢？倘使这些花和冬青会说话，会畅所欲言，我想它们一定会提出抗议。

丰子恺的这篇题为《我作了四首诗》的发言于五月十二日刊登在《解放日报》上。

这一年的秋天，中央新闻纪录电影制片厂专门拍摄了一部纪录片《画家丰子恺》，将丰子恺的日常起居、作画、写生以及与儿童在一起的场面，一一地摄入了镜头。

这一年的年底，丰子恺应人民文学出版社之邀，正式着手翻译日本古典巨著《源氏物语》。

早在日本游学的时候，丰子恺就在东京的图书馆里读到过《源氏物语》原著，后来又读过与谢野晶子的一本现代语译本，读来觉得非常像中国的《红楼梦》，一时爱不释手。为了更好地理解原著，他曾苦下功夫学习日本古文，并把《源氏物语》的第一回《桐壶》读得烂熟。

对于承担翻译《源氏物语》这项艰难的工作，丰子恺感到莫大的光荣。根据他自己的估计，这项工作用三年的时间可望完成，即一九六五年可以出书。凭借非凡的毅力和勤奋，丰子恺的翻译进度果然很快，到了一九六五年，这本巨著果然按预期的计划大功告成。这本书共五十四回，近百万字，译文优美，传神达意，既保持了原著的古雅风格，又注意运用中国古典小说的传统笔法，译笔独具特色。然而不幸的是，该书即将出版之际，国内爆发了"文化大革命"，于是该书被撤出了出版计划。一九七三年，这本《源氏物语》曾一度重新列入出版计划，但在"反黑线回潮"的冲击下，又告夭折。直到一九八〇年其上册才得以问世，而此时丰子恺早已作古。

丰子恺没能在生前看到此书的出版，这是他一生中最大的一件憾事。

那场席卷全国的"文化大革命"的爆发，发生在一九六六年的五月。

那一年的三月，轻风拂面，玉兰初绽，丰子恺还兴致勃勃地偕妻及长孙女游览了杭州、绍兴、嘉兴等地，毫未觉察阴霾将至。

回到上海不过两个月的时间，他就变成了"无产阶级专政的对象"。

一顶顶耸人听闻的大帽子从天而降："资产阶级反

动学术权威""反革命黑画家""反共老手""漏网大右派"……很快，丰子恺就被列为上海市十大重点批斗对象之一。

数重重罪之下，丰子恺完全不知所措。平时无须上班的他，每天被迫到画院"交代问题"。酷夏之际，日复一日紧张奔波，终于致使他中暑病倒……

一九六九年的秋冬，丰子恺被从上海博物馆的"牛棚"里带出来，押到上海郊区港口曹行公社民建大队劳动。七十二岁的丰子恺向家人报告那里的生活，用的是打油诗一般的戏言："地当床，天当被，还有一河浜的洗脸水，取之无禁，用之不竭，是造物者之无尽藏也。"谁也不会相信，如此风趣的丰子恺，当时睡在简陋的地铺上，天正下雪，他的枕边竟有雪！

也幸亏有这场雪吧，到了一九七〇年的二月，他所受的风寒转化为中毒性肺炎，不得不住院治疗。而肺炎好转后，肺结核又纠缠住了他，这场大病终于使他因祸得"福"——不用再挨斗再下乡，可以在家全休了。为此丰子恺用全部仄音作了一首诗《病中作》：

岁晚命运恶，病肺又病足。

186

日夜卧病榻，食面又食粥。

切勿诉苦闷，寂寞便是福。

对于丰子恺而言，平安无事便是满足，他是知足
的，所以能自得其乐。是年，他悄悄地译出了日本古典
文学作品《落洼物语》和《竹取物语》，这些译稿当时
是无法出版的，便交给了幼子新枚珍藏起来。

在暂时恢复了平静的日月楼里，丰子恺似乎很轻易
地就忘却了楼外那风雨飘摇的世界。

归去

不久便到了一九七一年，丰子恺已经七十四岁了。

如此高龄的病弱之体，"革命者"们对他渐渐地失去了兴致；而痛惜被浪费了诸多艺术生命的丰子恺，却趁机悄悄地重新握起了画笔。

那是一个寒凝大地、万马齐喑的时代，几乎所有受批判的艺术家们都不愿意再重操旧业，甚至连他们的子女，也只愿意送进工厂去当工人。一生都不会审时度势的丰子恺却无视这一切，他只服从他那颗纯粹的艺术家之心。

其实在这之前，他已经陆续偷画了一些画，这些画，他都送给了他的私淑弟子胡治均。

这位胡治均是与丰子恺有着特殊关系的人物。他小丰子恺二十三岁，浙江镇海县霞浦人，从小在上海学生意，满师以后就当了小商店的店员。他在一九四七年偶然看到一本《护生画集》，立刻被画中表现出的慈爱精神所吸引。此后，他怀着仰慕之心开始搜集丰子恺的漫画，有一次在觉林菜馆吃饭，看到墙上有一幅题为《遇救》的漫画，画一个儿童拖住一持刀杀鸡的人，两旁还有一副对联："欲为诸法本，心如工画师"。他立刻忘记了吃饭，认真地观起画来。他的忘我神态被一位丰子恺的熟人看在眼里，与之交谈后，主动提出引荐他与丰子恺见面。不出一个月，丰子恺由杭州来上海，果然在下榻的福建路振华旅馆约见了胡治均。

胡治均当时年仅二十多岁，因家贫小学毕业便辍了学，对文学更是一窍不通，除了喜欢看丰子恺的字画，自感才疏学浅，在丰子恺面前显得十分拘束。丰子恺听后一再宽慰他："喜欢文学的，不一定都是自己弄文学的，没关系。"分手时，又告诉他自己在杭州里西湖的住址，欢迎他以后保持通信联络。

丰子恺的和蔼、平易、仁厚，打消了胡治均的一切顾虑，他便大胆写信向丰子恺拜师。不久，丰子恺复信说："仁弟读书不多，但慧眼颇深，为人忠厚。仆忝长一日，愿为师弟之交，以后来信当以仁弟相称。"

自此，他们便成了忘年之交。

胡治均收到丰子恺寄赠的第一幅画是《双松图》。此后，丰子恺只要有新作，往往都要多画一幅送给胡治均，到了一九六六年，胡治均收藏的丰子恺书画已多达三百多件。

胡治均曾欣喜地说："齐白石自称'三百石印富翁'，我亦可仿称'三百幅画富翁'了！"

然而，不久便开始了"文化大革命"，胡治均为不连累首当其冲的丰子恺，忍痛把三百多幅画沉入了黄浦江。只有十余幅藏在领袖像和鲁迅先生对联后面的画，冒险保存下来。

一九六九年，悲不可忍的胡治均终于不顾一切地跑到丰子恺家，对着丰子恺痛哭失声："我对不住老师，我未能保全您的画稿……"丰子恺依然很达观地安慰胡治均："我不死，还有手，我会给你再画的。"

果然，丰子恺开始为这位学生重新作画。因为是暗中进行的，其过程犹如做"地下工作"。那一天，胡治均到丰子恺家去，丰子恺从抽屉中抽出一只已经封好的信封交给他，要他在衣袋里藏好。胡治均见信封上写着他的名字，正待当面启封，丰子恺急忙摇手制止，叮嘱他："回去拆。"胡治均回家拆开信封，里面却是一幅漫画《初步》。

《初步》的含义非常清楚，丰子恺是以此表明，他要用他的手、他的生命，从头开始作画了。

此后，胡治均每去丰子恺家，都会照例得到一只信封。胡治均把这些信封带回家，小心地保存起来，不到两年，竟然已有七十多幅了。

一九七一年的秋天，丰子恺亲自糊制了一只大信封，内装七十多幅重画旧作，用炭精条写上"敝帚自珍"四个大字，旁边注明："交治均藏。"信封里一张丰子恺自书的《〈敝帚自珍〉序言》，敞明了他的心迹：

予少壮时喜为讽刺漫画，写目睹之现状，揭人间之丑相；然亦作古诗新画，以今日之形相，写古诗之情景。今老矣！回思少作，深悔讽刺之徒增口业而窃喜古诗之美妙天真，可以陶情适性，排遣世虑也。然旧作都已散失。因追忆画题，从新绘制，得七十余帧。虽甚草率，而笔力反胜于昔。因名之曰《敝帚自珍》，交爱我者藏之。今生画缘尽于此矣！

从那以后，丰子恺坚持不辍，又作了大量的漫画，除了胡治均，收藏最多的是他的幼子新枚。

　　同时，一项新的创作活动也在一九七一年的丰子恺笔下开始进行了。这就是初定名为《往事琐记》的《缘缘堂续笔》。

　　写作《缘缘堂续笔》的计划，还是若干年前丰子恺的幼女丰一吟提出来的。丰子恺的随笔是以《缘缘堂随笔》和《缘缘堂再笔》著称于世的，后来他又应人民文学出版社上海分社之约编了一本《新缘缘堂随笔》，收入了他从一九五六年至一九六三年的文章三十二篇（后因其中《阿咪》一文在《上海文学》发表后受批判，而未能在丰子恺生前出版），当时丰一吟就说，再有一本《缘缘堂续笔》就好了。丰子恺自然是十分赞同的，但那时忙于翻译《源氏物语》的准备工作，无暇顾及，不想到了七十年代，年迈体弱且境遇不佳的丰子恺，反而雄心勃勃地动手来实现这个计划了。

　　《缘缘堂续笔》共三十三篇文章，均是丰子恺利用凌晨时分悄悄写成的。动笔之时，丰子恺神游物外，全然忘却了身边那个动乱的年代。这些文章以一种闲适的心态、醇厚的笔墨，向人们娓娓地讲述着家常往事。其中，《男子》《牛女》《癞六伯》《塘栖》《五爹爹》《王囡囡》《四轩柱》《过年》《清明》《吃酒》等，是回忆家乡风土人情的；《旧上海》《算命》《歪鲈婆阿三》等，是讽刺旧社会陋习的；《小学同级生》《戎孝子和李居士》《陶刘惨案》等，是记叙旧友轶事的……

这本随笔集质朴平易、气度超凡、襟怀坦荡，其中《暂时脱离尘世》一文，正好说明了他当时的精神寄托之所在。

文章一开头就引用了日本作家夏目漱石的小说《旅宿》中的一段话："苦痛、愤怒、叫嚣、哭泣，是附着在人世间的。我也在三十年间经历过来，此中况味尝得够腻了。腻了还要在戏剧、小说中反复体验同样的刺激，真吃不消。我所喜爱的诗，不是鼓吹世俗人情的东西，是放弃俗念，使心地暂时脱离尘世的诗。"丰子恺无疑是赞赏夏目漱石的观点的，所以他在文中说夏目漱石是"一个最像人的人"。对周围那些随浊流而沉浮的人，他感到了他们的可怜："今世有许多人外貌是人，而实际很不像人，倒像一架机器。这架机器里装满着苦痛、愤怒、叫嚣、哭泣等力量，随时可以应用。即所谓

'冰炭满怀抱'也。他们非但不觉得吃不消，并且认为做人应当如此，不，做机器应当如此。"他当然是不会以此作为自己的选择的，那么，就像夏目漱石那样放弃俗念，让心地暂时脱离尘世吧!

丰子恺在写作《缘缘堂续笔》的时候，果真让心地暂时脱离了尘世，在写作的同时，他获得了一种快适，一种安乐，一种心灵的营养。

《缘缘堂续笔》丰子恺于一九七一年开始写，于一九七二年写完。书稿暂时无法发表和公之于世，便交给幼子新枚，由他珍藏。与此同时，他还翻译了日本汤次了荣注释的《大乘起信论新释》，并译成一部日本古典小说《伊势物语》。

《大乘起信论新释》译出后，丰子恺秘密地寄交广洽法师在海外匿名出版。出版前，他对广洽法师只称是二十多年前的旧译;出版后，恳请他发行范围只限于宗教界，不要在报刊上宣传，连样书也不要寄给他。

一九七二年十二月三十日，丰子恺接到上海中国画院关于他"审查"已经结束的通知，结论是:不戴"资产阶级反动学术权威"的帽子，酌情发给生活费。

丰子恺被禁锢已久的世界仿佛绽开了一线天空，他那颗如同孩童向往自由天地的心立即就想飞翔了——即使飞不远，也要先飞出气闷的上海。

一九七三年三月，刚刚开春，丰子恺即作了杭州之行，陪同前往的是他的弟子胡治均。杭州是丰子恺的第二故乡，求学受教于恩师李叔同、艺术的起步均在于此，此后又有过抗战全面爆发前的"行宫"和抗战后的卜居，一草一木，无不关情。

此次去，丰子恺住在三姐丰满的家里。该地位于宝石山后，绿荫层叠、翠竹连片，环境十分幽雅，他把带去的《缘缘堂续笔》在这里从容地编完定稿。每日伏案完毕，于酒足饭饱之余，他喜欢临窗眺望苍翠幽深的山色，侧耳聆听黄龙洞的潺潺泉声，附近有一所艺术学校，时而会传来阵阵悠扬旷远的丝竹管弦，令他真正体会到了一种"暂时脱离尘世"的境界。

虽然年已七十六岁的丰子恺，无法像年轻时游西湖那样"人弃我取、人取我与"地专往野外荒山攀了，却也在胡治均的陪同下，几乎把杭州的所有名胜都走了个遍。

他心里很明白，他可能是最后一次看杭州了。

最让他安慰的是，在城隍山，一位开三轮汽车的工人认出了他，充满感情地对他说："先生挨斗的事，我们杭州早知道了。不过老先生千万别难过，一切都会过去的。"

最令他伤感的是，他去了马一浮的故居蒋庄，而马一浮已于一九六七年六月二日辞世，死前也没能逃脱"文化大革命"的"冲击"。在蒋庄花港观鱼的御碑前，丰子恺忽然停下脚步，对胡治均说："我不去了，你去看一看就来，我在这里等你。"随后自言自语道："人已不在了，看看又有何益。"

丰子恺在杭州前后住了大约十天，这是他此生对杭州湖光山色的最后告别。

从杭州回到上海后，自感来日无多，丰子恺急于把一件重要的事情完成：绘完《护生画六集》百幅。否则，这项弘一大师托付给他的宏业就无法功德圆满。

《护生画五集》幸而已在一九六五年提前出版，然而此后经历无数次抄家，丰子恺手头已没有可作参考的书籍资料来用以绘作《护生画六集》了。

此时，正好有一位曾为《护生画四集》书写过文字的朱幼兰居士，从上海第十五中学总务主任的职务上退休，丰子恺便委托他搜寻可供参考的资料。朱幼兰受命后，居然很快在家中尘封的旧书中找到了一本民国石印本《动物鉴》。

丰子恺得到此书后十分欣慰，笑道："此书材料丰富，有此参考，画材不愁了。"他立即动手选材构思，每日鸡未鸣时即起床，伏案作画不止，不久，百幅护生画便大功告成了。

把画稿给朱幼兰看的时候，丰子恺低声告诉他："绘《护生画集》是担着很大风险的，为报师恩，为践前约，也就在所不计了！"此集护生画的题词本拟请朱幼兰写的，丰子恺却怕连累朱幼兰而改变主意了："风险太大，还是等来日再说吧。"

朱幼兰闻言深受感动，一个老人，时时想到的是别人的安全，却把自己置之度外了！他郑重表示："愿担此风险，乐于题词。"于是，《护生画六集》的画和题词，在一九七三年的风险中提前完成了定稿。

此稿也暂时无法出版，丰子恺把它交与朱幼兰保存，他便安心地准备去见弘一大师了。

一九七四年的一月，丰子恺重新翻译了他最钟爱的夏目漱石的小说《旅宿》。一次新的翻译，就是一次新的品味。那么，这篇小说究竟有什么意蕴使得他如此回味不已呢？

小说中有段文字是这样的：

无法迁出的世界如果难处，那么必须使难处的地方或多或少地变成宽裕，使得白驹过隙的生命在白驹过隙的期间好好地度送。于是乎产生诗人的天职，于是乎赋予画家的使命。所有艺术之士，皆能静观万物，使人心丰富，因此可贵。

……只要能够如此观看自身所处的世间，而把浇季涸浊的俗界明朗地收入在灵台方寸的镜头里，也就够了。是故无声之诗人虽无一句，无色之画家虽无尺绢，但在能如此观看人生的一点上，在如此解脱烦恼的一点上，在能如此出入于清净界的一点上，以及在能建立这清朗的天地的一点上，在扫荡我利私欲的羁绊的一点上——比千金之子，比万乘之君，比一切俗界的宠儿，都更加幸福。

纵观丰子恺一生的为人之道，尤其是"文化大革命"以来的处世态度，几乎都在这段文字中蕴含了。难怪丰子恺在重译完此文后又一次自喟道："知我者，其唯夏目漱石乎？"

译稿完稿后，丰子恺写上了附注：

> 夏目漱石之《旅宿》，十余年前译成，交人民文学出版社刊行。今重译一遍，各有长短，此稿交治均保存留念。

此时的上海，并非风平浪静。不久"批林批孔"的风潮乍起，到处又是一片风声鹤唳。恰巧丰子恺私下里偷作的那些画，有一幅被人泄露出去，被送进了一个"黑画展"。不久，丰子恺也被带到劳动剧场（天蟾舞台），接受大会批判。

丰子恺唯有一笑置之。

在厄运面前从容不迫的丰子恺，却加快了他了却各方面心愿的脚步。一九七五年春寒刚过，七十八岁高龄的他，便在弟子胡治均、次女林先的陪同下，来到了故乡石门湾。他到南沈浜看了胞妹雪雪，见了诸多来访的亲友，喝了很多家酿的黄酒，写了很多的字送人，还为石门镇新建的人民大会堂写了每个字有二公尺见方的门额……

他真想听从乡亲们的建议，在乡下造屋、养老，可惜无法做到。

带着乡亲们赠送的土特产，丰子恺满载而归。然而从夏天起，他便不太想喝酒了，到了八月初，右手手指麻木，渐及右臂，热度持续不退。八月十五日，传来三姐丰满去世的消息，丰子恺病势加剧。九月二日经华山医院拍胸片，诊断为右叶尖肺癌，已转移至脑部。

丰子恺入院时舌头已经不灵便，说话讷讷。张乐平有天来医院就诊，听说丰子恺病重，急忙过去看他。待他赶到那间空气浑浊的观察室的时候，丰子恺已呈昏睡状态。

张乐平含泪拉着他的手，难过得一句话也说不出来，这便成了两位老友的最后诀别。

一九七五年九月十五日中午十二时零八分，丰子恺的心脏停止了跳动。

一九七五年九月十九日，丰子恺追悼会由上海中国画院在龙华火葬场大厅举行，生前好友，能来的都来了。叶圣陶作悼诗悼念老友，内有"潇洒风神永忆渠"的诗句；刘海粟因未摘"黑帽子"不能亲自前往，居然把刚领到的一个月的生活费全部用来买了鲜花，扎了一只花圈托学生送到会场。

刘海粟说："真花能留下种子，馨香远播，秀气长存，沾溉后学，美化世界，永远歌颂春天！"

丰子恺一定是微笑着西去的，正如他的挚友们所做的那样，无须用眼泪为他送行。

一九七八年六月五日，上海市文化局作出结论，为丰子恺平反昭雪。

一九七九年六月二十八日，上海市文化局、上海市文学艺术界联合会、上海中国画院三家单位在龙华革命公墓大厅联合举行丰子恺骨灰安放仪式，将丰子恺的骨灰安放于上海烈士陵园革命干部骨灰室。

一九七九年十月，《护生画集》一至六集由广洽法师委托香港时代图书有限公司出版。

一九八〇年十二月，《源氏物语》（上）由人民文学出版社出版。

一九八二年、一九八三年，《源氏物语》（中）和《源氏物语》（下）由人民文学出版社出版。

一九八五年，故居缘缘堂在广洽法师的资助下，由浙江省桐乡县人民政府重建落成。

一九八六年，丰子恺的衣冠与妻子徐力民、胞姐丰满、胞妹雪雪及妹夫蒋茂春同葬于浙江省桐乡县石门镇南沈浜雪雪之子蒋正东家的自留地上。

参考书目

丰陈宝、丰一吟、丰元草编:《丰子恺文集》,杭州:浙江文艺出版社、浙江教育出版社,1992年。

丰华瞻、戚志蓉编:《丰子恺漫画选》,北京:知识出版社,1982年。

丰一吟等:《丰子恺传》,杭州:浙江人民出版社,1983年。

汪家明:《佛心与文心——丰子恺》,石家庄:花山文艺出版社,1992年。

陈星:《丰子恺新传——清空艺海》,太原:北岳文艺出版社,1998年。

苑兴华编:《丰子恺自叙》,北京:团结出版社,1996年。